© HEMIR ÁNGEL OCHOA RUIZ
© 2018. JUANUNO1 Ediciones. Argentina.

JUANUNO1 Ediciones
Buenos Aires, Argentina.
www.juanuno1.com
ediciones@juanuno1.com
tel. (+5411) 2145 3962

Revisión Editorial: Hernán Dalbes
Rediseño de tapas y diagramación: ZONA21.net

Ninguna parte de esta publicación puede ser reproducida,
almacenada o transmitida de manera alguna
ni por ningún medio, sea electrónico, digital, químico,
mecánico, óptico, de grabación o fotografía,
sin permiso previo de los editores.

Queda hecho el depósito que marca la ley 11.723

Todos los derechos reservados
All rights reserved

Impreso en Argentina
Printed in Argentina

Ochoa Ruiz, Hemir Ángel
  Manual de hebreo bíblico : una guía para curios@s / Hemir Ángel Ochoa Ruiz.
1a ed . - Villa Adelina : JuanUno1 Ediciones, 2018.
  256 p. ; 20 x 15 cm.

ISBN 978-987-46737-2-5

1. Hebreo. 2. Biblia. I. Título.
CDD 492.4

MANUAL DE HEBREO BÍBLICO
Una guía para curios@s

Hemir Angel Ochoa Ruiz

MANUAL DE HEBREO BÍBLICO
Una guía para curios@s

Para descargar los audios de las lecciones de este manual debe ingresar en www.juanuno1.com/audioshebreo

Si tuviera dificultades para acceder, por favor comuniquese con la editorial a:
ventas@juanuno1.com
o desde el formulario de la página web.

PRÓLOGO

Introducir este libro didáctico es abrir ventanas a las raíces que nos nutren. Nos reenvía a la palabra milenaria que dio vida a toda una cosmovisión que entrelaza civilizaciones, cuya raíz común es la palabra en su carácter fundante de cultura y sacralidad. Remontarse didácticamente a esta lengua ancestral es un refresco del lenguaje que nos habita en lo cotidiano y construye realidad.

Unamuno respondió a sus estudiantes agobiados de estudiar las lenguas clásicas que aquello que ellos llaman lenguas muertas son las que les dan vida a las que hablan. Hacía mención al latín y al griego. ¿Diría lo mismo del Hebreo Bíblico? Hoy por hoy, Karl Löwith, Jacob Taubes, filósofos judíos, nos advierten que la noción de construcción de historia occidental está enraizada en la concepción judía de la historia. La teología cristiana, desde un tiempo a esta parte, ha visto resurgir la resurrección judaica de la figura de Jesús. Filósofos de cuño agnóstico o ateo, como Zizek, Badiou, entre otros, sin identificarse con el contenido del pensamiento paulino, reconocen la estrategia paulina para tejer las redes de la concepción cristiana del mundo ante el sistema imperial. Unamuno, de cara a este nuevo panorama, sumado a su propia fe, advertiría lo mismo frente a este texto de estudio de la lengua agónica en sentido unamuniano, luchando por vivir y dando vida. Cuando reconocemos que el occidente emerge de una cosmovisión judeocristiana afirmaría lo mismo y degustaría el frescor de repasar esta lengua que habita en las raíces urgentes de redescubrir en la civilización occidental.

Por otro lado, la maravillosa contradicción de Eclesiastés se redescubre en este valioso texto didáctico. Quien nos advierte en su tono existencialista la vanidad imperante, carente de sentido en todo lo construido en este mundo bajo el sol. No obstante, sin decirlo, se advierte su contradicción como eje a descubrir en su lectura. La "palabra" que ayuda al Qohélet (predicador frente a una asamblea) a mirar la banalidad de la vida.

Ella, la palabra pronunciada y escrita, se salva de esta sentencia existencialista. La palabra que da identidad al "predicador" le ayuda a estructurar su aguda contemplación y nos ayuda a nosotros a observar la fragilidad de los cimientos de nuestra identidad y cultura.

Este manual nos acerca a la palabra originaria y onomatopéyica cuya mención y exploración nos ayuda a ponerle sentido o resignificar la existencia. Palabra que no pareciera tener nada de vacuidad pues es ella el auxilio para tomar conciencia de la existencia que vivimos.

De este modo, recibimos este manual de introducción a la lengua hebrea bíblica. Bienvenida exploración al vocablo que da savia y sentido a la vida, la cultura y la existencia que se refunda en la palabra.

Omar Cortes Gaibur
Director académico SEUT Chile
Coordinador ADIR y de la ONAR Chile

INTRODUCCIÓN

Para la introducción de este *manual de hebreo bíblico* usaré un método que me permita el poder explicar de manera más didáctica, qué es este texto y para qué sirve. Por lo que usaré las palabras del título como referente y así aclarar todo lo posible conceptos, contenidos y objetivos.

Manual. Cuando pensé en el título del libro evité a propósito el término "gramática" porque es una palabra que inmediatamente la asociamos a libros que no siempre fueron un Best Seller en nuestras bibliotecas, suena inmediatamente a tener que aprender cientos de reglas gramaticales, las cuales si en castellano ya eran complicadas en hebreo se piensa, deberían serlo mucho más. Así que por esto y otros motivos similares preferí el término "manual" (con "clases" y no "lecciones"). Además porque lo hemos diagramado en un formato más parecido a un libro que a una gramática, las que usualmente son de proporciones más grandes. Ya que justamente la idea es que sea un libro que podamos leer, en aquellos espacios y tiempos libres que tenemos en medio de nuestras rutinas diarias.

De hebreo bíblico. Aunque parezca obvio, es necesario recalcar que este no es un manual ni de teología (aunque estudiar lenguas bíblicas es estudiar la esencia de la teología), ni de hebreo moderno, es decir, cuando termines este manual **no estarás capacitado** para ir a Israel y pedir en un restaurante, *"pulpo mediterráneo relleno con nueces septentrionales, cubierto con salsa veneciana y vino de las reservas cabernet añejado en roble de la quinta región en Chile"*. Lo siento. Sin embargo el lado bueno es que **sí quedarás capacitado** para poder leer el hebreo bíblico y traducir algunas secciones del mismo, ya sean narrativas, poéticas o proféticas.

También podrás tener una visión general de lo que es la historia de la lengua hebrea, su uso, idiomas emparentados, dinámica interna del hebreo clásico, diferencias entre traducciones, cuestiones polémicas-históricas, y aprenderás a usar un diccionario castellano-hebreo.

Una guía. Este manual es un camino, por aquí podrás transitar mientras revisas y aprendes de otros textos, es un libro que te servirá para comparar y llevar contigo, es una lupa para que aprendas a ver aquello que no se ve en el texto bíblico ya que hoy cuando se lee la biblia se leen doctrinas, se leen párrafos, frases, declaraciones, mandamientos, etc. Pero con este libro lo que quiero es que aprendas a ver los detalles, las letras, a preguntarte por qué el escritor usa una palabra en vez de ocupar otra, que veas los espacios entre las palabras, prefijos, infijos, sufijos, giros lingüísticos, etc. En resumen, que tu ojo pueda entrenarse en ver los detalles del texto que en una lectura posmoderna e industrializada de la Biblia no se observa.

Para esto he dividido el libro en 16 clases, aunque en realidad son solo 15 ya que la última es un ejercicio final de traducción. Estas clases van desde lo más básico, historia de la lengua hebrea, las consonantes, su sonido, vocales, sílabas, lectura, hasta lo más complejo que es el estudio del verbo hebreo y sintaxis.

Para curiosos. Hace tiempo vi unos videos de Ken Robinson, orador internacional que hablaba sobre temas de educación, los que me dejaron reflexionando sobre lo importante que es la curiosidad en una persona y en un proceso de aprendizaje. A mi juicio los niños lo son por tres cosas, por el tamaño, el saber perdonar casi de manera instantánea y por la curiosidad, es decir, nada de lo que a nosotros nos parece obvio y aburrido a ellos les parece así. Siempre están explorando, verificando sus propias hipótesis y empujando los límites a ver que pasa.

Creo que en la adultez es urgente que recuperemos eso. Es por esto que en este manual encontrarán gatillantes de curiosidad.

Para ello he puesto algunas secciones que se llaman **coffee break**, como pequeños estudios insertos en cada clase para estimular la investigación y el diálogo. He incluido debates y cuestiones polémicas relacionadas con el texto hebreo para provocar conversaciones, incluso he puesto apartados que se llaman *"biblias hebreas famosas en la historia"*, para así dar un marco histórico y sólido a lo que se está estudiando.

En resumen he querido hacer un manual todo lo amigable posible, el que puede ser usado en un estudio de medio o un año, dependiendo del ritmo que el profesor quiera llevar del texto (son solo 16 clases), puede ser estudiado de forma individual o grupal, con un profesor guía o con **los audios de apoyo que están disponibles y descargables en el sitio web www.manualdehebreobiblico.com**. En resumen, es un manual en el que he puesto hasta sopas de letras en hebreo, más que por una cuestión "entretenida", para estimular las diferentes inteligencias con las cuales podemos aprender.

Por todo lo anterior espero de todo corazón, que este sea su primer paso en el conocimiento de la lengua sagrada, aquella que hablaban los patriarcas, y con la cual Dios respondía las oraciones de su pueblo. Que sea el primer desafío para aquellos que no se conforman con una traducción sino que quieren ir a las fuentes, que sea un problema para aquellos que piensan que la teología es estática y de pronto se ven enfrentados a la cuestión polisémica del texto.

Que sea un alivio para aquellos que se quieren acercar a Dios desde una espiritualidad diferente, que sea una aventura para quienes quieren conocer otras formas de leer la biblia y que sea una bendición para todo aquel que busca la voluntad de Dios en medio de este mundo.

Hemir Angel Ochoa Ruiz
Julio 2012-2018 Santiago. Chile

AGRADECIMIENTOS

Primero, quiero agradecer a mi familia, la cercana y la extendida, mucho a mi esposa, Ana María Sandoval y a mis hijos; Arel Antonia, Ignacia Belén y Gabriel Benjamín, quienes padecieron de alguna forma las muchas horas que dediqué a este proyecto. A mis amigos casi como hermanos Patricia Monarca quien dedicó harto tiempo de trabajo a la revisión del castellano, sintaxis y ortografía de este libro, y a Alfonso Zerwekh revisor del texto hebreo de este manual quien me hizo muchos aportes a la pedagogía del mismo.

Quiero agradecer muy especialmente también al Rabino Daniel Zang de la Comunidad Sefaradí de Santiago de Chile, quien pudo apartar espacios en su agenda para revisar mi libro entregándome aportes valiosísimos. Y a mi muy querido amigo Omar Cortés Gaibur, quien gentilmente prologó esta obra con unas palabras que giran entre la poesía y la filosofía del "decir".

Al Consejo de la Cultura del Gobierno de Chile, por ver en esta obra un aporte a la cultura de mi país. También agradecer a mi amigo Sebastián Oliva por su disposición en ayudarme con la mayoría de las imágenes que acompañan la obra. Igualmente a mi profesor de hebreo en el Seminario Teológico Bautista de Santiago el Doctor Oscar Pereira García. También a mis estudiantes quienes han sido de no poca inspiración para crear este texto y quienes también han hecho importantes sugerencias al mismo. Finalmente quiero dar las gracias Dios por permitir el encuentro, el cruce de caminos e historias con Don Luis Núñez, quien fue mi primer maestro en la enseñanza de esta lengua en mi sureña Valdivia, y que de seguro nunca imaginó que el solo hecho de escribir mi nombre en hebreo en un pedazo de papel, hace ya mucho tiempo, transformaría mi curiosidad natural, en años de pasión e investigación sobre una materia tan fascinante como es el idioma fuente del Antiguo Testamento.

A mi esposa Ana María Sandoval Zamora
Gracias por tu alegría, paciencia, fuerza y fe

ÍNDICE DE CONTENIDOS

I. PRÓLOGO 7

II. INTRODUCCIÓN 9

III. AGRADECIMIENTOS 13

IV. ÍNDICE 15

V. PARTE I. Alfabetización 21

VI. CLASE 1 23
- La lengua Hebrea 24
- El hebreo bíblico 26
- Características generales del hebreo bíblico 35
- Relación de los idiomas semíticos con el español 38
- Textos hebreos famosos en la historia.
  El Códice de Leningrado 39

VII. CLASE 2 41
- Presentación de las consonantes 42
- Las letras finales 53
- Las guturales 55
- Eitán, Moshé y Caleb 56
- Transliteración 57
- Ejercicios 58
- Coffee Break. Ejemplo de análisis morfosintáctico
  de un texto bíblico 60

VIII.	CLASE 3	63
	▪ Algunas consideraciones históricas sobre las vocales en hebreo bíblico (*Nekudot*)	64
	▪ Presentación de las vocales hebreas (cortas)	67
	▪ Las vocales hebreas (largas)	68
	▪ Bonus track. Apuntes relacionados con la vocales	70
	▪ Ejercicio 1	70
	▪ Ejercicio 2	72
	▪ Coffee Break. Debate	73
IX.	CLASE 4	77
	▪ La semivocal *shevá*	78
	▪ Reglas relacionadas con la lectura del *shevá*	79
	▪ Ejercicio 1	81
	▪ Ejercicio 2	82
	▪ Textos hebreos famosos en la historia. La Políglota Complutense	83
	▪ Coffee Break. Comparación gráfica de Daniel 2:3-4 entre el texto hebreo y arameo de este libro	83
X.	CLASE 5	85
	▪ Las sílabas	86
	▪ Ejemplos	87
	▪ Ejercicio	87
	▪ Los acentos (*Teamím*)	88
	▪ Acentos y marcas sintácticas principales	90
	▪ Coffee Break. Debate	91
	▪ Ejemplo de acentuación masorética en Josué 1:1	92
	▪ Sopa de letras	93

XI.	CLASE 6	95
	■ El *Dagésh*	96
	■ A tener en cuenta	97
	■ Ejercicio 1	98
	■ Ejercicio 2	99
	■ Práctica general de lectura	102
XII.	PARTE II. Gramática	105
XIII.	CLASE 7	107
	■ El artículo definido	108
	■ Traducción	109
	■ Vocabulario	110
	■ Tips relacionados con la *hei*	112
	■ El artículo indefinido	113
	■ Sopa de Letras	114
	■ Coffee Break. ¿Por qué aprender hebreo bíblico?	115
XIV.	CLASE 8	123
	■ Preposiciones inseparables	124
	■ A tener en cuenta	125
	■ Materiales de apoyo para el estudio del hebreo bíblico	126
	■ Unión de la preposición más el artículo	127
	■ Preposición *min* y *asher*	128
	■ Preposición-conjunción *vav*	129
	■ Ejercicio 1	131
	■ Ejercicio 2	132
	■ Traducción	132
	■ Vocabulario	133
	■ Textos hebreos famosos en la historia. El Códex Aleppo	134

- Coffee Break. La maldición de Tutankamón 135

XV. CLASE 9 139
  - El verbo Hebreo. Introducción 140
  - Las siete estructuras verbales más usadas en el HB 142
  - Verbo Hebreo regular (fuerte).
    Paradigma del perfecto 145
  - Verbo Hebreo regular (fuerte).
    Paradigma del imperfecto 147
  - Claves morfológicas de traducción de verbos regulares
    en las 7 estructuras principales del verbo Hebreo 148
  - Tabla simplificada y dinámica del verbo hebreo 152
  - Ejercicio de traducción y repaso de la clase 154
  - Vocabulario 155

XVI. CLASE 10 161
  - Los sustantivos en HB 162
  - Los adjetivos en HB 163
  - Los plurales en Hebreo 163
  - Plural constructo 164
  - Ejercicio 166
  - Traducción 166
  - Vocabulario 167
  - Coffee Break. Uso del diccionario de Hebreo Bíblico 172

XVII. CLASE 11 175
  - Sufijos Pronominales (sustantivos)
    masculinos. Singular 176
  - Notas 177
  - Sufijos Pronominales (sustantivos)
    femeninos. Singular 177
  - Sufijos Pronominales (sustantivos)
    masculinos. Plural 178

- Sufijos Pronominales (sustantivos) femeninos. Plural 180
- Traducción 182
- Claves de traducción 183
- Coffee Break. ¿Tiene errores la Biblia? 185

XVIII. CLASE 12 189
- Pronombres personales, singulares y plurales 190
- Partículas más usadas con sufijos pronominales 190
- Otras partículas 192
- La negación en hebreo bíblico 193
- Traducción 193
- Claves de traducción 194
- Textos hebreos famosos en la historia. Segunda biblia rabínica 195
- Coffee Break. Salmo 23 196

XIX. PARTE III. Sintaxis 199

XX. CLASE 13 201
- Las 3 claves principales en que el HB une frases y palabras relacionadas 202
- Cuatro ejemplos de acentos conjuntivos 205
- Traducción 206
- Claves de traducción 206
- Coffee Break. La Biblia como texto musical 208

XXI. CLASE 14 211
- Principios generales de sintaxis 212
- Características de la literatura poética 214
- Paralelismos 214
- Palabras o frases onomatopéyicas 215
- Repetición de sonidos 215

	- Métrica 216
	- Rima 217
	- Traducción 217
	- Claves de traducción 218
	- Coffee Break. Slow, slow, sssslllooowww 220
XXII.	PARTE IV. Traducción 223
XXIII.	CLASE 15 225
	- Claves generales de traducción 227
	- Sobre la polisemia en el hebreo bíblico 230
	- Temas que surgen desde la problemática polisémica del Antiguo Testamento por estos días 232
XXIV.	CLASE 16 235
	- Ejercicio de traducción final 236
	- Texto 237
	- Vocabulario 239
XXV.	BIBLIOGRAFÍA 245
XXVI.	SITIOS WEB RECOMENDADOS 253

PARTE 1

ALFABETIZACIÓN

Manual de Hebreo Bíblico. Una guía para curios@s.

Clase 1

. Qué es la Lengua Hebrea
. Características del Hebreo Bíblico
. Relación de los idiomas semíticos con el español
. Textos hebreos famosos en la Historia. El Códex Leningradense

LA LENGUA HEBREA

La lengua hebrea **es en primer lugar**, un idioma semítico noroccidental, con una antigüedad de casi 3.500 años, emparentado con otras lenguas de la media luna fértil como el Fenicio, Ugarítico y Arameo. En **segundo lugar**, es el idioma con el cual se escribió y se transmitió, lo que en el mundo cristiano conocemos como el Antiguo Testamento, texto sagrado que los judíos conocen con el acrónimo **Tanáj**[1]. Y en **tercer lugar**, es el idioma actual del estado moderno de Israel, cuyo idioma fue elevado o revivido a categoría de lengua moderna, gracias al arduo trabajo de Eliezer Ben Yehudá[2], quien tuvo como objetivo principal de vida, hacer que el hebreo conocido y transmitido por cientos de años como lengua litúrgica[3], fuera en la época moderna el medio de comunicación de los judíos, que querían nuevamente volver a tener una patria con Jerusalén como capital.

Por lo tanto, cuando nos preguntamos qué es el **Hebreo**, es importante primero definir a **qué hebreo** nos referimos, ya que, aunque todos están entrelazados y son a fin de cuentas la misma lengua desde los tiempos de Moisés hasta este siglo, hay períodos en los cuales es necesario hacer y marcar la diferencia.

---

[1] Tanáj es una palabra formada por 3 consonantes que conllevan su propio significado **T** = Toráh (Pentateuco) / **N** = Nebiím (Profetas) / **J** = Ketubim (Escritos).
[2] http://es.wikipedia.org/wiki/Eliezer_Ben_Yehuda
[3] Decimos litúrgica, porque por siglos, el Hebreo Bíblico, a diferencia de muchos de sus primos semitas de la antigüedad, no murió como lengua, siempre estuvo presente en la historia judía. Si bien, fue reemplazado históricamente por el griego en la época de Alejandro Magno, y antes por el arameo gracias a las conquistas de Darío I, nunca dejó de ser la lengua santa de Israel. Por lo tanto Eliezer Ben Yehudá lo que hizo fue sacar al hebreo de las sinagogas y yeshivot (casas de estudio) y transformarlo en una lengua moderna que bebe de su propia historia socio-lingüística.

En cuanto a la escritura del hebreo, podemos distinguir varios períodos.

Los escritos hebreos más antiguos usaban un alfabeto, similar al alfabeto fenicio, que se conoce como *paleo-hebreo*, cuya escritura es la que usaron los judíos antes de ir al cautiverio babilónico, y que posee una forma de escritura más rudimentaria como lo demuestran también algunos textos encontrados en Qumrám[4]. Tenemos posteriormente el *hebreo cuadrado*[5], que es el que adoptaron los judíos en el cautiverio Babilónico (Siglo VII - VI a.C.). Este toma como molde la escritura aramea, y es además la forma de escritura que se usa en las biblias hebreas y en la literatura hebrea moderna. También tenemos que hacer aquí, referencia al mismo *arameo bíblico* que en muchos aspectos sonoros, lingüisticos y de escritura es igual al hebreo, existiendo una diferencia de pronunciación similar a la que existe entre el portugués y el español[6].

Por otro lado debemos diferenciar al *hebreo consonantal* del *hebreo masorético* que viene con un aparato de vocalización incluido. Cabe mencionar aquí también, otras ramas históricas del hebreo que serían por ejemplo, el hebreo *Mishnáico-Talmúdico* (época posterior al segundo templo). El *Yidish* que es una mezcla de escritura hebrea con idioma alemán, el *Judezmo* que es un híbrido entre hebreo y español antiguo. El *Arameo Cabalístico* de la edad media, que es una mezcla consonantal de arameo con hebreo atestiguado en el *Zohar*.

---

[4] Para ver algunos de los famosos Rollos del Mar Muerto pueden visitar la Web: http://dss.collections.imj.org.il/isaiah
[5] Sanford Lasor, William: *Manual de Hebreo Bíblico, Volumen II*. Ediciones CLC. Pág.54. Bogotá. 2001.
[6] En este manual citaremos indistintamente al castellano como al español para referirnos a la lengua latinoamericana, y no al Castellano de Castilla.

Y finalmente *el **Hebreo Moderno***, que si bien es cierto usa casi en su totalidad al hebreo bíblico, ha tenido que crear nuevas formas de transmitir sus ideas conforme a las necesidades lingüísticas de hoy.

EL HEBREO BÍBLICO

El Hebreo Bíblico[7] (en adelante HB), tema central de este manual, **nace en un tiempo remoto**, en aquel lugar donde prácticamente nace la historia occidental, Mesopotamia, el mismo lugar donde nacen el sumerio,[8] ugarítico, acádio, el arameo, y el fenicio (Ver lámina 1 en pág. siguiente).

Es en aquel momento de la historia, más de 3.500 años atrás que el idioma del Antiguo Testamento comienza a dar sus primeros pasos como lengua semítica[9].

---

[7] En algunos textos se le conoce como Hebreo Clásico.
[8] Kramer, Noah Samuel: *La Historia Empieza en Sumer*. Ediciones Orbis S.A. Barcelona. 2010.
[9] Por ser los hablantes descendientes de **Sem**. Génesis 10: 21 en adelante.

CLASE 1: QUÉ ES LA LENGUA HEBREA

Lámina 1[10].

Valor fonético	Ugarítico	Samaritano	Judaico	Rashi	Mandeo	Siriaco Estrangela	Siriaco Serta	Siriaco Nestoria	Valor numérico
'(a)			א	ה					1
b			ב	ב					2
g			ג	ג					3
(b)									
d			ד	ד					4
h [i]			ה	ה					5
w			ו	ו					6
z			ז	ז					7
ḥ [h]			ח	ח					8
ṭ			ט	ט					9
y			י	י					10
k			כ ך	כ ך					20
(ṡ)									
l			ל	ל					30
m			מ ם	מ ם					40
(ō)									
n			נ ן	נ ן					50
ẓ									
s			ס	ס					60
·			ע	ע					70
p			פ ף	פ ף					80
ṣ			צ ץ	צ ץ					90
q			ק	ק					100
r			ר	ר					200
ś									
š (ṯ)			ש	ש					300
(ṯ)									
t			ת	ת					400
(i)									
(u)									
(s)									
[dī]									

---

[10] Imagen gentileza de Don Wenceslao Calvo www.proel.org

Con el paso de los años, el hebreo se diferenciará menos fonética y más en su forma de sus primos geográficos[11], tomando vida propia, evolucionando y desarrollándose a través de los siglos gracias a la propia existencia de Israel, quien la adopta para sí como la **Lengua Sagrada**, medio por el cual, dirán después sabios, Dios habló a sus caudillos, jueces y sacerdotes[12].

En sus inicios (aproximadamente 1.500 a.C.) la grafía del hebreo era más bien rudimentaria como lo atestigua el calendario de **Gezer**, (escrito aproximadamente en tiempos del Rey Salomón), y siempre consonantal. Por ser una escritura fonética, era al mismo tiempo mucho más práctica que otras escrituras de aquellas épocas, como por ejemplo la cuneiforme (lámina 2, pág. siguiente) o egipcia[13], que se escribía con jeroglíficos, los cuales no siempre representaban solo sonidos, sino también sílabas, palabras completas e ideas (ideogramas o logogramas), lo que en muchos aspectos hacía más compleja la tarea de traducir[14].

---

[11] Escritura cuneiforme y egipcia para nombrar dos ejemplos.
[12] Un excelente libro que relata la historia completa del hebreo es del profesor español Ángel Sáenz-Badillos, *Historia de la Lengua Hebrea*. Sabadell. 1988. 362pp.
[13] Según Julio Trebolle en su libro *La Biblia Judía y la Biblia Cristiana*, el proto-cananeo, antecesor del fenicio-hebreo, fue desarrollado por personas que tenían conocimiento de la lengua y escritura egipcia, ya que fue desarrollado para ser escrito con tinta y pluma, y no al modo de inscripciones en arcilla como la escritura cuneiforme.
[14] Para conocer la historia sobre cómo se pudieron finalmente traducir los jeroglíficos del antiguo Egipto, se puede buscar en internet la historia de la Piedra Rosetta, o la biografía de Jean-François Champollion.

Llegado el tiempo de la deportación de los judíos (586 a.C.) el HB entra en contacto con los babilonios y su idioma arameo[15]. De aquella lengua recibe su influencia gráfica[16], al tiempo que cosmológica y teológica. De esta manera se transforma en una escritura más estética, y comienza históricamente a usar ciertas consonantes como vocales (matres lectionis).

Lámina 2. Inscripción Cuneiforme, palabra que significa que fue hecho con forma de cuñas[17].

Es desde esta época y la posterior, de los macabeos, que el hebreo será relegado principalmente a los aspectos más litúrgicos de la vida

---

[15] Son los libros de Daniel y Esdras en la Biblia, los que contienen la mayor cantidad de texto arameo, el cual está insertado dentro del texto hebreo del libro.
[16] Es en este período cuando los judíos comienzan a usar la letra cuadrada propia del arameo, y dejan los caracteres más pictográficos descendientes del Fenicio usados hasta ese entonces. Sin embargo esto no es radical, ya que el antiguo alfabeto fenicio o paleo hebreo seguirá siendo usado por los judíos, tal como lo atestiguan los manuscritos de Qumrám unos 500 años después.
[17] Fotografía de A. Davey.
Http://www.flickr.com/photos/adavey/4735763989/in/photostream/

de Israel. **En primer lugar** porque el arameo ya es el idioma universal de aquellos tiempos, también el idioma comercial y político. **Y en segundo lugar**, porque será reemplazado por el griego de las fuerzas imperiales de Alejandro el Grande. Además en esta época, siglo III a.C., los judíos ya están asentados en diferentes partes del mundo conocido (Alejandría, Babilonia, Palestina, etc.), lo que también imposibilita tener al hebreo solo como lengua hablada.

En los tiempos de Jesús el hebreo seguirá siendo una lengua litúrgico-literaria, conocida por todos los judíos aunque no hablada por todos ellos. En la Galilea de Jesús es el arameo[18], la lengua del pueblo junto con el griego y el latín, la que entrará al escenario como lengua propia de las fuerzas invasoras. Es aquí donde comienza a desarrollarse una especie de neo-hebreo llamado *Hebreo Mishnáico* que será la lengua escrita de la Mishná.

[18] Este arameo tenía ciertas diferencias con el arameo que se hablaba en Babilonia.
[19] Corán en árabe, idioma semita primo del hebreo.

Con el correr de los años **y entrada la edad media**[20] (siglo V al XV), el HB *pasará por dos procesos*, **primero** el texto conocido hasta ese momento como consonantal, será vocalizado por un grupo de judíos piadosos llamados "masoretas". Y **segundo**, el HB será transformado en lengua mágico-religiosa por el influjo de la Kabaláh[21], sistema de interpretación guemátrico[22]- místico, que asegura que las letras del alfabeto hebreo fueron las responsables de la creación del mundo-universo. Ya que si Dios *"dijo"* al principio de todas las cosas, lo hizo por medio de palabras, las cuales estaban formadas por letras, las cuales a su vez cobraron en este sistema hermenéutico, vida propia, y la misión de mostrarnos los enigmas de Dios, de su voluntad, de los tiempos futuros y hasta de nuestras propias vidas. Es también en este período que nace en España el género literario llamado *Piut* (פיוט), o de poesía hebrea que usa como plantilla inspiracional el verso en árabe y español, y también como texto al mismo Tanáj.

Ya entrado el siglo XIX y durante el siglo XX el HB será influido por las corrientes racionalistas europeas, siendo en esta época estudiado desde una perspectiva más científica por diferentes escuelas lingüísticas.

---

[20] Aquí nos referimos a la edad media "occidental" ya que la edad media judía está situada entre los siglos X a XII de nuestra era, también conocido como el siglo de oro español.

[21] Forma de misticismo Judío que considera a las letras hebreas como sagradas, ya que fue por medio de estas que Dios creó al mundo, es al mismo tiempo un método de interpretación bíblica usada para entender algunos textos de difícil comprensión en la Biblia. Algunos de sus textos principales son el **Zohar** y el **Séfer habahír** o libro de la claridad.

[22] Relacionado con el valor numérico de las letras hebreas.

Es en esta fecha cuando nacen las primeras gramáticas conocidas como "clásicas"[23], y son editadas también las primeras biblias de estudio comparativo-científico del texto hebreo, que incluirán las diferentes *Masoras*, crítica textual, notas editoriales, etc. Ejemplo de este avance y desarrollo, es la Biblia editada por Rudolf Kittel[24] (BHK), que posteriormente sería llamada Biblia Hebraica Stuttgartensia (BHS)[25].

Hoy en día los estudios del HB están enfocados en primer lugar, en torno a la cuestión exegética del texto bíblico, sobre todo gracias a la llegada de la BHQ[26] y a los descubrimientos de los Rollos del Mar Muerto. Y en segundo lugar se relacionan nuevamente con la investigación, tanto histórica como espiritual, del misticismo judío conocido como Kabaláh[27].

---

[23] Una de las más conocidas y citadas desde aquel entonces es la *Hebräische Grammatik* de Wilhelm Gesenius. Publicada en 1813.

[24] Primera edición 1905-1906.

[25] Las primeras dos ediciones tomaron como texto base la Segunda Biblia Rabínica de Jacob Ben Chayyim, desde la tercera edición en adelante se tomó como base el Codex Leningradense o B19A.

[26] Las Biblias Hebraicas BHK, BHS y BHQ son esencialmente el mismo texto solo que en ediciones posteriores, siendo la última de éstas (BHQ) la más actualizada de las entregas, la cual se está realizando gradualmente en varios tomos, incluyendo en el mismo la *Masora Magna*.

[27] Para realizar un estudio completo del movimiento Kabalístico en la historia recomiendo la literatura del investigador de origen Judío Gershom Scholem.

Finalmente quisiera citar a Johann Maier y Peter Schäfer quienes escribieron lo siguiente en su Diccionario del Judaísmo[28] en relación con el HB:

"En resumen, el hebreo no fue jamás una lengua muerta. Aparte de su destacada función en la liturgia, de carácter preferentemente religioso, nunca dejó de ser, según las circunstancias de cada momento, vehículo de expresión y vínculo de comprensión en el dilatado mundo de la diáspora. En consecuencia, todavía hoy es accesible una tradición lingüística de más de tres milenios, ya que, al tratarse de una lengua consonántica, es difícil que se introduzcan alteraciones que cierren el acceso a una plena comprensión de los textos, por antiguos que sean".

---

[28] Maier, Johann y Peter Schäfer: *Diccionario del Judaísmo*. Editorial Verbo Divino. España. 1996.

Lámina de distribución geográfica de los idiomas semíticos[29]

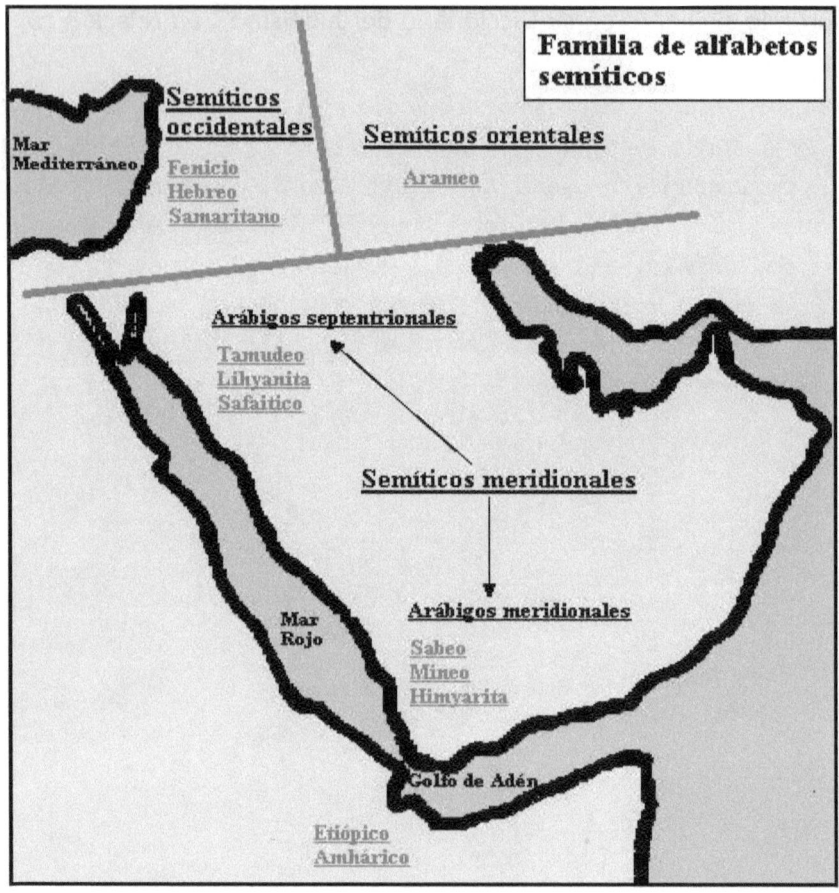

---
[29] Imagen gentileza de don Wenceslao Calvo www.proel.org

CARACTERÍSTICAS GENERALES DEL HEBREO BÍBLICO

1 Se lee y escribe de derecha a izquierda, al igual que otros idiomas semíticos como el Árabe, Arameo o Siríaco[30]. Y de arriba hacia abajo, ya que la mayoría de las vocales están puestas debajo de las consonantes[31].

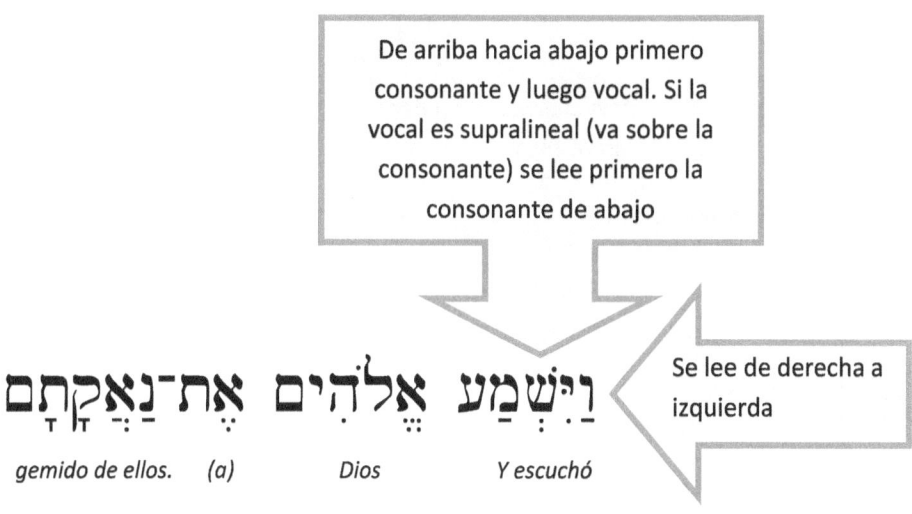

---

[30] Una diferencia interesante con el árabe tiene que ver con la grafía, ya que en éste, la forma de escribir es entrelazada, como en el español manuscrito, cada letra va unida con la siguiente dentro de la misma palabra, mientras que en el hebreo cada consonante va separada una de la otra.

[31] Este sistema propio de los masoretas de Tiberíades, es conocido como infralineal, es decir la vocalización se escribe bajo la línea de "flotación" de las consonantes.

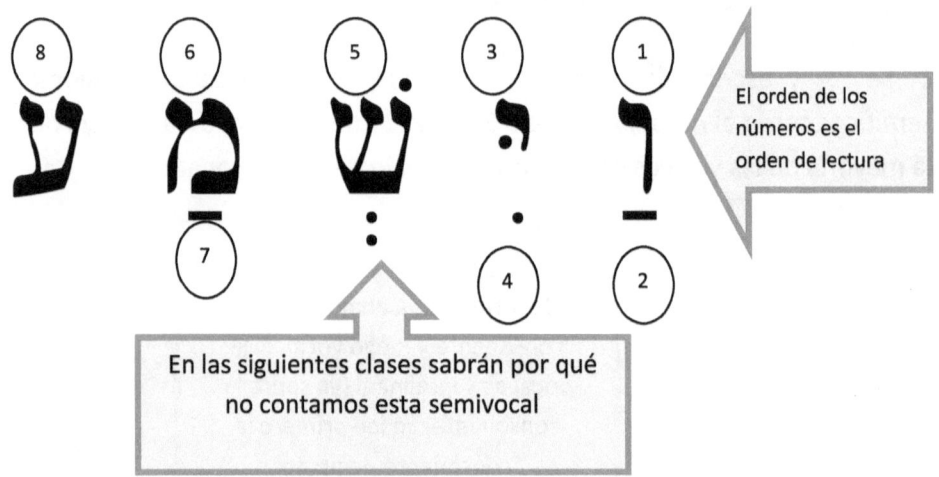

2. El HB (como todos los idiomas semíticos) hace girar a la mayoría de los verbos, sustantivos y adjetivos en torno a raíces *"triconsonantales"*[32], es decir, palabras que están compuestas en su mayoría a partir de tres 3 consonantes, como en español serían los verbos **CoMeR, JuGaR** o **SaLiR**.

3. Otra característica del HB es que hace mucho uso de prefijos, infijos y sufijos[33], lo que significa que es una lengua que trata de decir la mayor cantidad de cosas, con la menor cantidad de palabras.

---

[32] En Hebreo **"Makór"** que quiere decir Raíz. Según muchos estudiosos la tendencia a clasificar las palabras en raíces de tres consonantes es una herencia proveniente de la gramática árabe, de ahí la cantidad de verbos irregulares en el HB.

[33] Partículas que se "pegan o incrustan" delante en medio o al final de cada palabra. En español tenemos varias palabras con estas características, por ejemplo **"Ateo"** (sin dios) tiene el prefijo **"a"** (que indica carencia) más el sustantivo **Teo** (del griego theos) que quiere decir "dios".

Por ejemplo, si en español digo **EN LA CASA** equivale a tres palabras, en HB se lee **BABÁYIT** בבית y es una sola, que se traduce de la misma forma, y si quiero decir en *una* casa o *en* casa solo cambio la primera vocal y digo **BEBÁYIT**.

4. Por último, el HB se caracteriza porque su traducción es muy dependiente del contexto socio-literario en donde aparece, ya que no es una lengua que tenga por ejemplo la extensión de palabras que el castellano[34] (u otro de los idiomas romance que tiene por ancestro al griego). El contexto entonces es vital para poder hacer una traducción correcta, de ahí que por ejemplo en escritos poéticos o proféticos, en diferentes traducciones bíblicas los verbos se traduzcan en pasado, presente o futuro no siempre mostrando homogeneidad entre sí. En resumen, su vocabulario es restringido porque usa más bien imágenes y no tantos adjetivos.

Ejemplo de esto lo podemos encontrar en el texto de Abdías versículos 12 al 14 donde diferentes traducciones ponen los verbos en participio, futuro o pasado, aunque técnicamente sean yusivos (imperfectos). Todo esto a raíz de que el HB solo usa dos tiempos: el **imperfecto** (acción no terminada), y **perfecto** (acción terminada). Lo que en muchos casos, si no en todos, deja al contexto decidir sobre el real tiempo en el que ocurre la acción[35].

---

[34] Según algunos estudios realizados, el HB tendría solo cerca de 500 raíces.
[35] Para profundizar el estudio de los verbos en HB sugiero el texto Sintaxis Verbal en los Profetas Menores Preexílicos, de Francisco Javier del Barco. Departamento de Estudios Hebreos Arameos, Facultad de Filología, Universidad Complutense de Madrid. Madrid 2001.

RELACIÓN DE LOS IDIOMAS SEMÍTICOS CON EL ESPAÑOL

FENICIO
- Idioma semítico primo del Hebreo Bíblico
- Una de sus características es que es uno de los primeros idiomas que usa representaciones gráficas para los sonidos de las consonantes y no solo para las ideas lo que reduce significativamente la cantidad de símbolos.

GRIEGO
- Cuando los Fenicios comienzan a tener relaciones comerciales con los griegos, estos adoptan el alefato simplificado semita que solo constaba de 22 consonantes. Por eso las letras son similares alef/alfa - Bet/beta - Guímel/gamma. Etc.

LATIN
- Finalmente el latín (de donde viene el español) bebe del griego y por lo tanto indirectamente de los idiomas semíticos. Podemos ver eso por ejemplo en la representación gráfica de la "M" que en semítico antiguo mantiene la misma forma representando la forma de las olas del agua, o la "K" que en cananeo represetaba la forma de una mano abierta, de hecho el nombre de la letra Kaf = mano

Ayuda memoria sobre la Historia de la Lengua Hebrea

. **1.500 al 1.000 a.C.** El mundo judío utiliza un alfabeto emparentado con el Fenicio conocido como Paleo-Hebreo.

. **600 a. C.** Los judíos que son llevados cautivos a Babilonia aprenden en aquella tierra la lengua aramea, idioma emparentado con el hebreo. Y se apropian de la escritura cuadrada del arameo dejando solo para algunas cuestiones específicas el paleo-hebreo.

. **700 a 1.000 d.C.** Los judíos conocidos como "masoretas", crean un sistema de puntos y rayas que se pondrán alrededor de las letras hebreas, para poder fijar la tradición vocálica y sintáctica del texto sagrado.

. **Siglo XX.** Cuando los judíos vuelven a su tierra, transforman al hebreo litúrgico (bíblico), en una lengua moderna que es el idioma del actual estado de Israel. Y como en toda su historia, seguirá siendo un idioma escrito solo con consonantes.

CLASE 1: QUÉ ES LA LENGUA HEBREA

TEXTOS HEBREOS FAMOSOS EN LA HISTORIA

Códice de Leningrado. Su principal característica es que ha sido el texto hebreo más usado en la actualidad para realizar traducciones bíblicas en el mundo protestante y católico. Su datación es del año 1008 D.C. Y aunque no es el texto hebreo más antiguo de la historia tiene la particularidad de ser el texto del Antiguo Testamento **completo** más antiguo que se tenga. Está vocalizado según la tradición Ben Asher, familia de masoretas que realizó su labor en Tiberíades en la edad media.

Comprando mi primera Biblia Hebrea
Algunas orientaciones

- Primero debes saber para qué usarás tu biblia hebrea. Si será para profundizar la exégesis, o simplemente para comparar un texto hebreo con uno español, o si quieres practicar la fonética.

- Si tu afán es más exegético, la mejor y más compacta que puedes encontrar es la BHS o Biblia Hebraica Stuttgartensia. La gracia de esta biblia es que te permite comparar el texto masorético con una infinidad de textos antiguos, tales como la Vulgata Latina, el Pentateuco Samaritano, otras biblias hebreas de la antigüedad, la Septuaginta, el Targum, manuscritos de Qumrám, etc.[36]

- Los interlineales son buenos, pero no recomendables para estudiantes de hebreo. Y finalmente, cuando te compres tu biblia hebrea, sobre todo si lo haces por Internet, debes fijarte que venga con los puntos vocálicos y los acentos. Ya que podría suceder que venga solo con el texto consonantal, lo que significaría en términos prácticos que te serviría solo de adorno.

---

[36] Advertencia. En Internet anda circulando un pdf que dice Biblia Hebraica Stuttgartensia, pero es simplemente el texto hebreo, no viene con aparato crítico, ni notas masoréticas, ni introducción. Así que siempre es mejor invertir y tener la Biblia original y en papel para poder sacarle el máximo provecho.

NOTAS

Clase 2

. Presentación de las consonantes
. Las letras finales
. Las guturales
. Transliteración
. Ejercicio
. Coffee Break. Ejemplo de análisis morfosintáctico de un texto bíblico

Texto del Códex Aleppo, una de sus características es su escritura a tres columnas.

PRESENTACIÓN DE LAS CONSONANTES

Aunque en principio parecen un grupo de signos extraños, las letras hebreas **son simplemente consonantes**, como las nuestras (por ejemplo, B, C, D, F, T, etc.), solo que con una gráfica diferente. Casi todas tienen su correspondiente sonoro en español, y de aquellas que no tienen equivalente, les diremos el por qué y el como las trataremos en este manual.

Estas son entonces las 22 consonantes del alefato hebreo. Se comienza desde la derecha[37] arriba (página siguiente).

---

[37] Una cuestión importante a tener en cuenta es que el HB no tiene distinción entre mayúsculas y minúsculas.

CLASE 2: LAS CONSONANTES

ד Dalet = 4	ג Guimel = 3	ב Bet = 2	א Alef = 1
ח Jet = 8	ז Zayin = 7	ו Vav = 6	ה Hei = 5
ל Lamed = 30	כ Jaf = 20	י Yod = 10	ט Tet = 9
ע Ayin = 70	ס Samej = 60	נ Nun = 50	מ Mem = 40
ר Resh = 200	ק Qof = 100	צ Tsade = 90	פ Fe = 80
ץ Tsade sofit	ך Jaf sofit[38]	ת Tav = 400	ש Shin = 300
ה hei + mapiq	ם Mem sofit	ף Pe sofit	ן Nun sofit

Ahora les contaré algo sobre la pronunciación, función y el nombre de cada una de estas letras[39].

---

[38] "Sofit" quiere decir "final", de ahí que son *jaf* sofit, ***tsade*** sofit, *nun* sofit, *pe* sofit y ***mem*** sofit.

[39] Para conocer más sobre el significado de las letras, ver el libro Gramática Hebrea de J.J Braum, Librería de A. Durán. Madrid. 1867. Aunque hay que tener en cuenta, que no hay un consenso general sobre el origen del significado de todas las letras hebreas. Por otra parte algunos gramáticos de la antigüedad, como por ejemplo

Ésta es la primera letra del alefato[40], se llama **alef**, representa el número 1[41], y contrario a lo que podríamos pensar en relación con la **alfa** griega, esta letra no tiene representación fonética en nuestro español, no es una "a", se le denomina gutural porque quienes la pronuncian lo hacen cerca de la garganta (**guttur** en latín). En este manual no la transliteraremos.

Ésta es la segunda letra del alefato, se llama **bet**. Y para comenzar a ver cómo funciona esto, el sonido que reproduce es justamente el de la primera consonante con la cual se escribe, la **"b"**. Representa el número 2. A veces en el texto hebreo aparece con un "punto interior", ese punto se llama **dagésh**[42], sin embargo en nuestra pronunciación latina no provoca

---

Ramón Manuel Garriga, no solo daban el significado de las letras sino que también su "valor ideológico", así a la **alef** le corresponde la creación, a la **bet** la existencia, a la **guimel** la propiedad, etc.

[40] Decimos alefato porque se toma el sonido de su primera consonante alef, otros gramáticos le llaman alef-bet. Lo mismo pasa con el alfabeto griego que viene de alfa y beta. Quizás ya notaron la similitud entre ambos sistemas, es más, hasta podemos contrastar el nombre de las mismas letras en español y encontraremos similitudes, no solo en el nombre sino en la forma. Por ejemplo al escribir la **M** estamos haciendo el mismo dibujo que se hacía hace miles de años en Mesopotamia cuando se quería representar las ondas del agua.

[41] El hecho que las letras representen números, no nos debería extrañar porque era una práctica habitual en la antigüedad. En el caso del HB se tienen indicios de su uso como números desde los tiempos de Esdras.

[42] Clase 6 de este mismo Manual.

CLASE 2: LAS CONSONANTES

cambios importantes de sonido[43]. Es una de las tres letras denominadas *preposiciones inseparables*[44], que se "adosan" (prefijan) a las palabras que afectan, en esos casos se puede traducir como: "en", "con" o "de". Su significado es casa.

Guimel. representa el número 3 en hebreo, y como habrán deducido de la fórmula de la letra anterior su sonido es la *"g"*, como en *gamál* (camello). Siempre se translitera con el sonido de "g" como en gato.

Dalet. Letra que tiene por sonido la *"d"* de "dedo", representa el número 4. Su significado es Puerta.

Esta letra en el judaísmo es muy importante, se llama *hei* (en algunas gramáticas solo aparece como *he*) porque es la letra con la que se escribe el

---

[43] El *dagésh* representaría la diferencia de pronunciación de **V** a **B**, lo que para hispano-hablantes es casi imperceptible, no así en otros idiomas como el francés.
[44] Clase 8 de este mismo Manual.

impronunciable nombre de Dios[45]. Representa al número 5 y al sonido de la *"h"* en español, es decir es una letra muda, aunque en algunas tradiciones se pronuncia un poco aspirada como en el inglés **hello**. Además tiene muchas funciones sintácticas, algunas de ellas son: artículo definido[46], indicador de sustantivo femenino, indicador de pregunta. Es representante de una de las "estructuras del verbo hebreo" (**hifíl**)[47], y de otras más complejas. No confundir con la letra *tav* ni con la letra *jet* porque se parecen mucho. Su significado puede ser agujero o ventana, aunque en algunas gramáticas españolas antiguas aparece con significado de "amor" o "alegría".

ו

Vav, y dependiendo si la gramática es inglesa o española se puede llamar *waw*. Sin embargo en Latinoamérica la usamos como *"v"*, de ahí que en algunas biblias el nombre de Dios aparece como Yavé o Yawé. También es una de las letras sagradas del judaísmo ya que es otra de las letras que aparecen en el nombre de Dios. Tiene también funciones sintácticas importantes, quizás la mayor de ellas es ser la letra con la que se representa la conjunción *"y"* en hebreo[48]. También es el soporte de las vocales **O** y **U** (cuando ejerce este oficio pierde su valor consonantal. Ver clase 3). El número que le corresponde es el 6. No confundir con la *nun*

---

[45] יהוה son las 4 consonantes hebreas de donde provienen las diferentes transliteraciones del nombre de Dios como: Jehová, Yavé, o Yawéh. Por su parte el Judaísmo traduce estas cuatro letras como *Adonay* (Señor) o *Hashém* (el nombre).
[46] Clase 7 de este mismo Manual.
[47] Clase 9 de este mismo Manual.
[48] Por ejemplo cuando en español la biblia dice, y salió, y fue, y vio, etc. Se está usando esta conjunción "y".

CLASE 2: LAS CONSONANTES

final ya que esta última es más larga verticalmente. Su significado es gancho o clavo.

Zayin. Es una letra que no tiene representación sonora en Latinoamérica, la pronunciación más parecida la podemos obtener de **Zoo** inglés, es como el zumbido de una abeja, por eso no es correcto pronunciarla como la *"z"* de España, aunque tengamos que representarla con esa letra. No confundirla por su forma con la ***vav***. Le corresponde el número 7. Su significado es arma o espada.

Jet. Representa el sonido de la *"j"* como en jardín o jabón. Representa al número 8. Es conocida también como una letra gutural porque se pronuncia bien cerca de la garganta. Hay que tener precaución de no confundirla en la pronunciación con la *"y"* latinoamericana ya que hay muchos nombres que se escriben con *"j"* pero suenan como *"y"* (por ejemplo el nombre Jenny). Esta letra, **en su forma gráfica**, es muy similar a la *hei* y a la *tav*. Su significado es saco de viaje o valla.

Tet. Es la primera de las 2 letras hebreas que tienen sonido de *"t"*, aunque ésta aparece menos en relación a la otra letra (***tav***) con sonido similar. Representa al número 9. Y suena como en la palabra televisor. Según Braun es serpiente, otros dicen que significa "retorcer".

 י

Yod (en otras gramáticas *"yud"*). Representa al número 10, y tiene sonido de *"y"* como en la palabra Rey. Es otra de las letras sagradas ya que también está inserta en el nombre de Dios. Tiene varias funciones sintácticas importantes, una de ellas es que cuando está puesta delante de un verbo representa al **tiempo imperfecto** en tercera persona, puede ser singular o plural (él o ellos). Posiblemente a esta letra se refería Jesús cuando dijo que no pasaría *"ni una jota ni una tilde de la ley"* [49] ya que es la más pequeña de las letras hebreas y en muchas traducciones castellanas es representada como "j". Por ejemplo en algunos salmos aparece la partícula *"yah"* como en *alelu-yah*, contracción del nombre sagrado de Dios, sin embargo en otras traducciones se translitera como *"Jah"*. Su significado sería mano o puño cerrado (hebreo. *Yad*).

Kaf[50]. Usualmente suena como el sonido principal de su pronunciación, es decir como *"j"*, aunque eso ocurre cuando **no** tiene un punto interior, cuando lo tiene suena igual que la **"K"** casi siempre al principio de palabra. Esta letra no representa al número 11 como

---

[49] Mateo 5:18.
[50] En este manual usaremos la pronunciación **Kaf** o **Jaf** indistintamente para referirnos a esta consonante.

CLASE 2: LAS CONSONANTES

podríamos suponer sino al 20. Cuando va al final de una palabra siempre suena como *"j"* y además cambia su forma. Cuando ocurre eso no confundir con la **dalet** ni con la **resh**. Otro tema a tener en cuenta es que es una de las 3 preposiciones inseparables del hebreo bíblico[51], es decir, cuando va prefijada al principio de una palabra se traduce como: "según", "como", "cuando", etc. Su significado es "palma de la mano".

Lamed. Representa a la letra *"l"*, le corresponde el número 30 y suena como la *"l"* de lavar y es la tercera letra denominada preposición inseparable, es decir, cuando va prefijada a una palabra se traduce como: "a" o "para" y también como "de"[52]. Además tiene funciones sintácticas importantes como hacer que un verbo, cuando la tiene como prefijo, se traduzca o entienda como en estado infinitivo. Significa aguijón[53].

Mem. Representa la letra o sonido de la *"m"* como en mamá. Le corresponde en el sistema numérico el 40. Cuando va al final de una palabra su forma cambia ligeramente y se torna más cuadrada, haciendo que en muchas gramáticas o biblias hebreas se le confunda fácilmente con la **samej**. Tiene varias funciones sintácticas importantes, una de ellas es hacer que en ciertas estructuras verbales, y puesta como prefijo, hace

---

[51] Clase 8 de este manual.
[52] Clase 8 de este manual.
[53] Según otros autores provendría de la forma de un báculo o bastón.

que el verbo se traduzca como participio activo (gerundio en español). Su significado es agua.

Nun. Suena siempre como **"n"** de nadar, le corresponde el número 50, y tiene también una forma final ligeramente diferente, es decir se alarga hacia abajo confundiéndose por esto con la **vav**. Según Braun su significado es pez. Otras gramáticas, Nájash (serpiente).

Samej. La primera de las dos letras hebreas que suenan como **"s"** en la palabra sur. Le corresponde el número 60. Con esta letra se forma en hebreo la palabra **"sus"** = caballo, una de las palabras semitas más antiguas de la cual se tengan registros, encontrándose referencias de la misma en excavaciones de más de 3.500 años de antigüedad. Significa palo o apoyo.

Ayin. Si bien, en hebreo bíblico es una gutural, nosotros la trataremos igual que la **alef**, es decir como letra muda (aunque el sonido más cercano que podemos obtener de ella es apretándonos la nariz con los dedos y pronunciando las vocales para experimentar el hacer sonidos desde la garganta). En árabe esta letra tiene un sonido muy cercano a **guimel**

CLASE 2: LAS CONSONANTES

como en la palabra "gato" es decir bien gutural. Le corresponde el número 70. Su significado es ojo. **En este manual no la transliteraremos.**

Pe (en otras gramáticas aparece como "pe" o "phe"). Y al igual que la *kaf*, cuando tiene un punto interior debo transliterarla y pronunciarla como *"p"*, cuando no lo tiene como *"f"*. También es una letra con forma final diferente, aunque fácilmente reconocible. Le corresponde el número 80. Significa boca.

ץ-צ

Tsade. Aunque su sonido no tiene representación en español, no es difícil de reproducir como una mezcla de t+s. Con esta letra se escribe la palabra hebrea *tsadíq* (justo o correcto). También tiene una letra final diferente pero fácilmente reconocible. Usualmente se la confunde con la *ayin* y algunos la terminan leyendo-confundiendo en sus primeras lecturas con la *"y"* española por su similitud gráfica. Le corresponde el número 90. Su significado según Braun es oscuro, podría ser búho o anzuelo.

Qof. Representa el sonido de su primera letra, es decir la *"q"* y a veces se puede encontrar transliterada también por *"k"*.

Con esta letra se escribe el hebreo *"qum"* de "ponerse en pie", como en el texto del evangelio donde Jesús le dice a la niña *"Talita qumi"* (Marcos 5:41). Le corresponde el número 100. Significa el círculo de la oreja.

ר

Resh. Nombre que viene del hebreo *rosh* que significa cabeza[54]. En hebreo moderno suena como la *"r"* francesa pero en Latinoamérica la pronunciamos simplemente como la *"r"* de ratón o de barco (según su posición). Le corresponde el número 200. Significa cabeza.

Shin. Le corresponde el sonido *"sh"* y no el *"ch"*, es decir, es más sibilante que la segunda. Sin embargo tiene una particularidad, si bien en el alefato hebreo es una sola letra, en la práctica son dos, porque cuando lleva el "puntito superior" a la izquierda se debe pronunciar como *"s"* (como en el nombre *Sara*). Estadísticamente aparece mucho más la *"sh"*, pero siempre hay que tener en cuenta su transformación fonética cuando el punto cambia de posición. En el sistema numérico hebreo le corresponde el número 300, y como función sintáctica podemos decir que en algunos libros poéticos se prefija a una palabra como contracción del pronombre relativo *"asher"* que se traduce como: "que", "el cual", "quien", etc. Su significado es diente.

---

[54] Comparar con la forma de la letra **RO** griega.

CLASE 2: LAS CONSONANTES

Tav. Última letra del alefato hebreo (en otras gramáticas puede aparecer como *"tau"*). Y es la segunda letra que tiene sonido de *"t"*, incluso cuando aparece con el puntito interior en Latinoamérica igual suena como *"t"*[55]. Le corresponde el número 400. Con esta letra comienza la palabra hebrea Toráh[56], y significa maderos cruzados, por su forma de *"X"* fenicia.

5 LETRAS FINALES CON UNA FORMA DIFERENTE

En Hebreo Bíblico, hay cinco letras del alefato, que tienen una forma diferente cuando van al final de una palabra. Y provienen de entre las que ya hemos revisado: *jaf, mem, nun, fe y tsade*. El origen de esta forma diferente (que no es particular del hebreo, ya que en árabe y siríaco también existen letras con formas diferentes), está relacionado con el hecho de que en la antigüedad los textos hebreos se escribían sin vocales y sin separación de palabras, lo que hacía dificultoso poder determinar siempre dónde comenzaba y dónde terminaba una frase o palabra. Sin embargo, no hay que olvidar que estas letras tienen forma diferente solamente, y que esto no afecta ni a la traducción ni a la pronunciación.

---

[55] La diferencia de sonido está más marcada con los hablantes europeos o norteamericanos ya que ellos, cuando esta letra viene sin punto interior la pronuncian como **TH**.

[56] Un texto muy pedagógico que muestra dibujos asociados a la evolución de las consonantes, además de la evolución de los nombres más famosos de la Biblia es el del profesor y hebraísta peruano Moisés Chávez. En la actualidad descontinuado, pero que se puede conseguir en librerías especializadas. El texto se llama *Hebreo Bíblico Texto Programado Tomo I* y *Tomo II Ejercicios Programados*. Editorial Mundo Hispano.

A estas **5 letras** se les llama también, letras "**sofít**", es decir finales, y están atestiguadas aproximadamente en los textos bíblicos desde el siglo III D.C.

---

[57] Sidur, imagen típica de los libros de oraciones y fiestas judías.

CLASE 2: LAS CONSONANTES

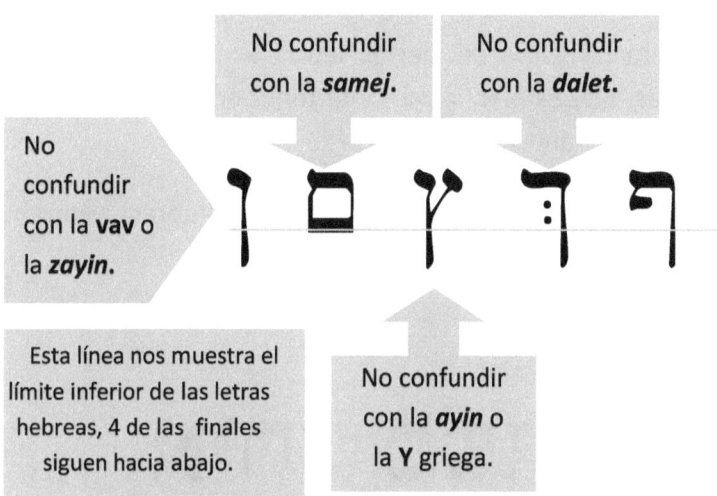

Una forma de no confundir estas letras es que 4 de ellas son alargadas hacia abajo en relación a la línea de escritura normal del HB. Eso sumado a que solo van al final de la palabra (no de la sílaba ni de la frase) permite reconocerlas con facilidad.

LAS GUTURALES

Las guturales son **5 consonantes**, que hay que tener presente en la memoria durante todo el aprendizaje del HB, ya que son letras que provocan todo tipo de cambios vocálicos-compensatorios, de acentuación, de estabilidad gramatical, y otros. Éstas letras son:

O   R   E   J   A   (Oreja en español nos permite recordar las guturales)

EITÁN, MOSHÉ Y CALEB

Además de estas características de ciertas letras en hebreo, hay otras agrupaciones de letras, que es bien importante tener en cuenta para estar más familiarizado con la dinámica del idioma.

Este es el caso de las 11 letras que dinamizan el idioma hebreo, aportando los prefijos, infijos y sufijos verbales o nominales.

Estas 11 letras son:

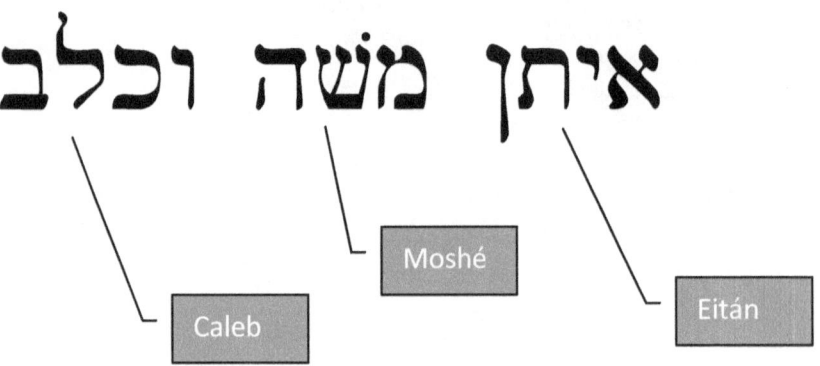

Aprender estas letras te será de gran ayuda para cuando comiences el proceso de traducción, en donde uno de los primeros ejercicios será comenzar a identificar raíces triconconantales verbales o sustantivales.

Se agrupan en estos tres nombres porque así es más fácil poder recordarlas. Esta es una forma usual en medio oriente para recordar grandes cantidades de información. Se busca una palabra que las agrupe todas. Así, y siguiendo con este ejemplo, es más fácil recordar tres nombres, que once letras.

TRANSLITERACIÓN

Transliteración[58], es una palabrita un poco compleja que encierra una gran virtud. Transliterar es escribir en un sistema que puedo entender (alfabeto latino en nuestro caso), palabras, letras o frases que existen en otras formas de escritura. Esto es importante, porque no hay que confundir **transliteración** con **traducción**, lo cual es poner el significado de la palabra estudiada, en términos correspondientes o afines que pueda entender el lector final.

Ejemplo

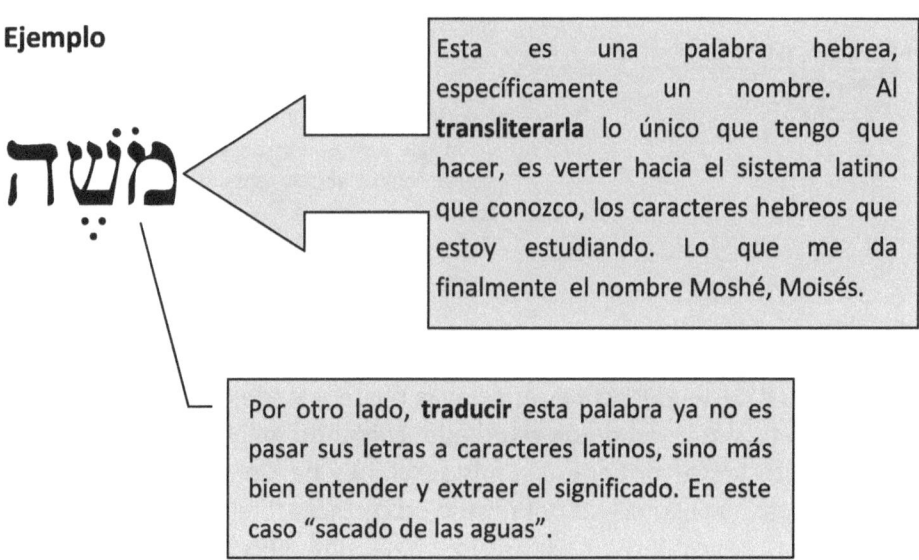

---

[58] Si quieres más información sobre esto puedes consultar la siguiente dirección web: http://es.wikipedia.org/wiki/Transliteraci%C3%B3n

Otra cosa importante de saber con respecto a la transliteración es que universalmente existen dos tipos, una se le llama *transliteración lingüística*, que es más científica y está normada internacionalmente[59]. Aquí solo diremos esto en relación a este tipo ya que en este manual no la usaremos. La segunda es la *transliteración fonética*, es decir el traspaso de los **sonidos** de una lengua a letras que representan el mismo sonido en otra.

Ejemplo

Esta palabra si la vemos de derecha a izquierda y sin necesidad de saber hebreo veremos que sus primeras dos consonantes son diferentes (indicadas por las flechas verticales), la transliteración lingüística pondría dos letras en español diferentes según la norma.

Pero la transliteración fonética solo se preocupa del sonido y en este caso las dos primeras letras suenan como **J**, por eso se translitera simplemente como **Jojmá**, sabiduría.

Ejercicio

El propósito de este ejercicio es que vayas reconociendo en un texto hebreo las consonantes que ya hemos estudiado, cuidando no confundir las que se parecen. Este texto contiene algunas secciones de Génesis 1: 1-4. Y para que no tengas problemas con el mismo solo colocaré el texto consonantal hebreo sin las vocales. En lo posible usa una libreta para anotar tu transliteración, o la sección de "notas" al final de esta lección.

---

[59] Por ejemplo si un arqueólogo encuentra que un jeroglífico egipcio suena como "**SH**", y un investigador de Ugarítico descubre que un símbolo cuneiforme suena también como "**SH**" ambos se ceñirán a la norma y transliterarán este sonido como **Š**, esto sería una transliteración lingüística. Así, después cualquiera que lea sus libros sabrá que ese símbolo **Š** es el sonido de la **SH**.

CLASE 2: LAS CONSONANTES

Herramienta: El alefato

Este texto corresponde a los primeros cuatro versículos de la Biblia[60]. Incluye transliteración y traducción. También se incluye el alefato, para poder tenerlo "a mano", sin necesidad de ir más atrás en la lección.

אבגדהוזחטיכלמנסעפצקרשת

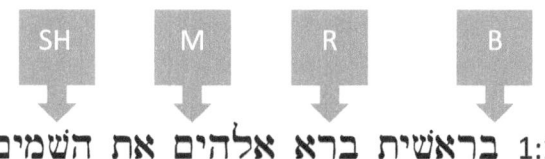

1:1 בראשית ברא אלהים את השמים ואת הארץ
haárets. veet hashamáyim et Elohím bará bereshít
.tierra la (a)y cielos los (a) Elohím creó principio (el) En

1:2 והארץ היתה תהו ובהו
vabohú tohú hayetá vehaárets
vacía y desordenada estaba tierra la Y

1:3 ויאמר אלהים יהי־אור ויהי־אור
or vayhí or yehí Elohím Vayómer
. luz (la) fue y luz la sea Dios dijo Y

1:4 וירא אלהים את־האור כי־טוב
tov, ki haór et Elohím Vayáre
buena era que luz la (a) Dios vio Y

---

[60] Todos los textos hebreos usados en este manual, ya sea para ejemplos o ejercicios, corresponden al texto de la Biblia Hebrea conocida como la *Segunda Biblia Rabínica* de Jacob Ben Chayyim. Editada en Venecia por Daniel Bomberg entre 1546-48.

Coffee Break
Ejemplo de Análisis Morfosintáctico de un Texto Bíblico

Cuando hablamos de un análisis de estas características queremos decir que vamos a estudiar, interpretar, entender y separar todos los elementos que componen las palabras y por ende, las frases en HB. significaca que vamos a detenernos en los detalles, "mirar" la palabra, y lograr dar con el significado que encierra, en el caso que esté acompañada de prefijos, sufijos e infijos. Este es un ejercicio que pretende ir enseñándote de a poco a acercarte al texto de esta forma.

1. Verbo ser y estar en hebreo + vav consecutiva imperfecta, lo que significa que su traducción no es en futuro sino en pasado, una buena traducción sería "aconteció o sucedió", más que "vino" de la RV60 ya que ese verbo sugiere la idea de movimiento de un lugar a otro, mientras que el verbo ser y estar se relaciona más con el nombre de Dios, que no viene sino que está.

CLASE 2: LAS CONSONANTES

2. Palabra, de esta raíz de tres consonantes דבר también viene el verbo "decir", aquí en estado constructo. Literalmente significa, "la palabra de" unida por **maquéf** (la rayita horizontal superior) al nombre de Dios. Esta rayita quita el acento principal de la primera palabra trasladándolo a la segunda palabra.

3. Nombre propio de Dios, de aquí vienen diferentes traducciones como Jehová, Yavé o Yahwéh. El judaísmo sin embargo no lo pronuncian y cuando se topan este nombre en el texto bíblico dicen "Adonai", Señor.

4. Partícula conjuntiva, se puede traducir como: a, hacia, con, etc.

5. Nombre propio Jonás, en hebreo *Iona*, su significado es Paloma.

6. Sustantivo "hijo", aquí en estado constructo "hijo de", con vocal corta por la pérdida de acento al estar unido por **maquéf** a la palabra que sigue.

7. Nombre propio Amitay.

8. Verbo "decir" aquí con **lamed** prefijada indicando un infinitivo (decir) pero que en este verbo se traduce como participio, "diciendo".

NOTAS

Clase 3

. Algunas consideraciones históricas sobre las vocales en hebreo bíblico (**Nekudót**)
. Presentación de las vocales hebreas (cortas)
. Las vocales hebreas (largas)
. Bonus Track. Apuntes relacionados con las vocales
. Ejercicio 1
. Ejercicio 2
. Debate

ALGUNAS CONSIDERACIONES HISTÓRICAS SOBRE LAS VOCALES EN HB (*NEKUDOT*)

Suena extraño escribir lo siguiente, pero en casi toda la historia del pueblo hebreo y por ende de sus textos sagrados, no siempre se escribieron las vocales. Incluso en la actualidad, si van a cualquier sinagoga los *"Séfer Toráh"*, que son los rollos donde están escritos los libros del Antiguo Testamento, están sin vocales. ¿Por qué?, porque es una característica de los idiomas semíticos. Éstos textos se escribían solo con las consonantes porque el resto, incluída la lectura, se aprendía por tradición oral. Es como si, por ejemplo, les dijera que leeremos el primer versículo de la Biblia y éste estuviera escrito así: *n l prncp cr Ds ls cls y l trr*[61]. Se ve raro, pero lo más probable es que muchos de ustedes ya con el dato dicho al principio, que es el primer verso de Génesis, no tendría mayores dificultades en leerlo, porque "su propia" tradición ya les dice cómo vocalizarlo. En la lengua hebrea moderna pasa lo mismo[62], y pasó también así en la antigüedad.

Pero a principios de la edad media (cerca del año 500 D.C.), los judíos, que estaban bastante dispersos por el mundo conocido de aquel entonces, comenzaron a olvidar la manera de vocalizar (leer) su texto sagrado, por lo que unos estudiosos y piadosos judíos de Babilonia, Tiberíades y Palestina, decidieron hacer algo al respecto. Ellos sabían además, que era la lectura y la recitación correcta del texto sagrado, lo que a fin de cuentas cohesionaba a los judíos de todas las eras y lugares.

---

[61] Traducción Reina Valera 1960.
[62] La mayoría de los textos hechos en el actual Israel se escriben solo con consonantes ya sean diarios, revistas o libros.

CLASE 3:LAS VOCALES

Así que comenzaron a idear un sistema de vocalización para insertar en el texto consonantal[63]. En esta tarea participaron varias escuelas (mencionadas más arriba). Finalmente fueron los judíos de **Tiberíades** quienes "ganaron"[64], y fue su sistema el que ha perdurado hasta nuestros días, como la norma aceptada de vocalización del texto Hebreo. En palabras de Elvira Martín Contreras y Guadalupe Seijas de los Ríos-Zarzosa:

> "Con la vocalización tiberiense se llega a la última etapa del proceso de estandarización del texto bíblico con vocales y acentos. Paralelamente al proceso experimentado por el texto consonántico, en la fijación de la vocalización también se produce el triunfo de un sistema sobre los demás. El predominio de la escuela tiberiense tuvo como trasfondo la imposición de éste sobre el palestinense y babilónico de una parte y, de otra, las divergencias entre masoretas[65] de Tiberías (B/A B/N). Una cuestión importante es que los distintos sistemas de vocalización no reflejan, en lo esencial, pronunciaciones diversas del texto consonántico, sino que son marcas distintas de representar la pronunciación de las palabras"[66].

---

[63] Según algunos autores, lo que hicieron los Masoretas fue simplemente adaptar un sistema vocálico que ya estaba presente en el idioma árabe, el cual tiene puntos y rayas para representar las tres vocales cortas y las tres vocales largas que tiene su sistema.

[64] Dice la tradición que fue el sabio judío Maimónides quien dio el visto bueno final a un texto de la Familia Ben Asher, considerándolo como el receptor y continuador más fiel de la tradición escrita.

[65] Masoreta viene de la palabra hebrea *Massorah* que quiere decir tradición, de ahí que estos sabios eran conocidos como los "guardianes de la tradición". La familia más respetada, de varias en aquellos tiempos, fue la del judío Moshé Ben Asher que vivió cerca del año 900 d.C. Un resumen de la historia de los Masoretas se puede encontrar en la web www.aleppocodex.org (inglés).

[66] Contreras, Elvira Martín y Seijas de los Ríos-Zarzosa, Guadalupe. *Masora La transmisión de la tradición de la Biblia Hebrea*. Página 33. Editorial Verbo Divino. Navarra. 2010. Este es un excelente libro relacionado únicamente con la tradición masorética del texto hebreo. Contiene ejercicios, muchas imágenes y ejemplos que

Si bien, las vocales en todas las lenguas son las mismas, en HB se diferencian por su "cantidad", osea "duración", pues se dividen en cortas, largas, reducidas y súper-reducidas. La buena noticia de esto, es que este curso no está enfocado en la lectura "perfecta" del HB, sino más bien en conocer las herramientas gramaticales para su traducción y las esenciales para su pronunciación. Por lo que cuando nos encontremos con una palabra con diferentes "extensiones vocálicas", las leeremos simplemente como la vocal que representan. Por ejemplo el nombre Jonás en hebreo es Yoná, ambas vocales son "largas", pero eso no significa que las leeremos *Yoonaa*.

Otra cosa importante a saber, es que el aprendizaje de la vocalización del HB, debe ser hecho con cuidado, ya que es una de las áreas complejas del idioma, son las que determinan la construcción y tiempo verbal y la tipología del sustantivo o adjetivo. Las vocales hebreas cambian dependiendo de lo siguiente: si están en una sílaba abierta o cerrada, si les cayó un acento y quedan en pausa, o si están afectando por ejemplo una gutural. Esto y más, hace que la vocalización del HB no siempre sea amigable para quienes están dando sus primeros pasos en la lengua hebrea.

Finalmente quisiera comentarles que si bien, las vocales se agregaron en la baja edad media al texto consonantal, con bastante anterioridad a esta fecha, los judíos ya habían hecho algunos acercamientos a un sistema de vocalización, transformando consonantes en sonidos vocálicos. De esa forma daban las primeras señales de que el texto necesitaba una norma de vocalización que les asegurara la pronunciación correcta.

---

hacen tener una visión panorámica muy enriquecedora sobre el trabajo de los Masoretas.

CLASE 3: LAS VOCALES

A estas consonantes con labor de vocales se les llamó *matres lectionis* o madres de lectura, y son las siguientes[67]:

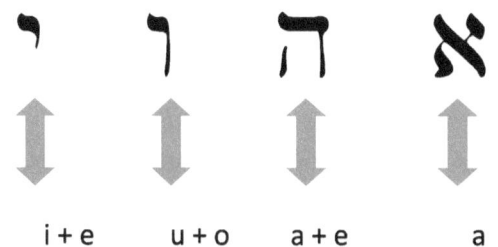

i + e   u + o   a + e   a

El signo + indica que dependiendo del caso se podían leer como una u otra vocal, o como en el latín, con sonidos mezclados.

PRESENTACIÓN DE LAS VOCALES HEBREAS (Cortas)

Aquí pondremos como referencia consonantal la *alef,* pero solo para efecto de apoyo a las vocales, que son los puntos y rayas puestas debajo.

אַ   Esta rayita que está debajo de de la *alef* es una **A** y se llama *pátaj.*

אֶ   Estos 3 puntitos debajo de la *alef* son una **E** y se llama *segól.*

אִ   Este único punto debajo de la *alef* es una **I** y se llama *jírek.*

אָ   Esta letra que parece una **T** pequeña debajo de la *alef* es generalmente una **A** larga, pero en algunas ocasiones es una **O** corta (ya explicaré cuándo leerla de una u otra forma) Su nombre es *qámets jatúf.*

אֻ   Y estos 3 puntitos en diagonal son una **U** corta, su nombre es *qibúts.*

---

[67] En caso que quieras explorar el uso de las *Matres Lectionis* en un texto real, visita el siguiente link: http://www.deadseascrolls.org.il

LAS VOCALES HEBREAS (Largas)

אָ Esta vocal que ya la mencionamos en relación con la **O** corta, es la **A** larga y se llama **qámets**.

אֵ + אֵי Estas dos vocales en realidad son una sola que a veces puede aparecer de forma diferente. La primera de la Izquierda, esos dos puntitos solos se llaman **tsére**, y la que viene después del signo + se llama **tsére yod**. Ambas suenan como **e**, aunque diferentes tradiciones leen la de la derecha también como **ei**, por lo que en este manual la leeremos de esa forma.

אִי Si se dan cuenta ésta es la misma **I** corta solo que ahora viene acompañada de la **yod**. Sin embargo hay que tener cuidado, porque en este caso como en el anterior la **yod** ha dejado de ser consonante, y aquí es vocal. Además en este caso hay que diferenciar de la vocal **I** larga de una **yod** que venga con vocal **I** corta, en este último caso la **jírek** estaría debajo de la **yod** y no antes.

אוֹ + אֹ Este símbolo junto a la **alef**, no es otra que una **vav** con un punto arriba, es la **O** larga y completa[68] llamada **jólem**. También la pueden encontrar sin la **vav**, osea solo como un punto superior (defectiva).

---

[68] Otras gramáticas le llaman **jólem malé** (completa).

CLASE 3: LAS VOCALES

¡Advertencia! quien se inicia en el estudio del HB suele confundir el puntito de la **jólem** con el de la **jírek**. Para diferenciarlas no olvide que esta última vocal es *"infralineal"*, siempre va debajo de la consonante, en cambio la **O** larga ya sea con o sin *vav* siempre es un punto que va arriba.

אוּ Y la última de las vocales largas es la **shúrek**: es una *vav*, pero ahora con un punto interior. Suena como nuestra **U**.

LAS VOCALES HEBREAS (Reducidas o Semivocales)

*Además de estas **diez vocales** divididas en cortas y largas existen otros sonidos semivocálicos que a continuación presentaremos:*

אְ Este símbolo bajo la *alef* es un **shevá**, una semivocal que cuando tiene sonido lo hace como una **E** breve. Más adelante[69] les explicaré cuándo suena y cuándo no.

אֲ Este símbolo es una semivocal que suena como **A**, su nombre es **jatéf pátaj**.

אֱ Esta semivocal suena como **E** y se llama **jatéf segól**.

אֳ Y finalmente esta semivocal es la **jatéf qámets** y suena como **O**.

---

[69] Clase 4 de este manual.

Largas: אָ = a/ אָ + יְ אֵ = e/ יִ אִ = i / וֹ אֹ + ְ = o/ וּ אֻ = u

Cortas: אַ = a / אֶ = e/ אִ = i/ אָ = o/ אֻ = u

Reducidas: אֲ = a/ אֱ = e/ אֲ = e / אֳ = o

BONUS TRACK. APUNTES RELACIONADOS CON LAS VOCALES

- Las vocales principales en todos los sistemas lingüísticos de la antigüedad eran 3.
- Estas vocales nacen desde la garganta en un proceso ascendente hasta los labios.
- Primero es la A que se pronuncia en la garganta.
- La sigue la I que ubica su punto de compresión-sonido en el paladar.
- Terminando con la U que es netamente labial.
- De ahí que los sonidos guturales, conocidos en la clase 2 prefieren los sonidos tipo A ya que se ubican juntamente en la garganta.
- En árabe las tres vocales principales son: a + i + u llamadas en este mismo orden: **Fatha** para la A, **Kasra** para la I, y **Damma** para la U.

Ejercicio 1

A continuación verán el texto de Éxodo 3:14-15. Este es el trozo de la escritura que relata cuando Moisés le pregunta a Dios su nombre. **La primera parte del ejercicio consiste en que puedan identificar las vocales** palabra por palabra, y luego las comparen con la materia recién estudiada y descubran qué vocal (es) son las que **no están** en el texto.

Para que el ejercicio no les resulte complicado, he quitado del mismo toda puntuación masorética (acentos y signos de puntuación) que no sea vocal. Además he incluido la traducción del texto para su mejor comprensión.

CLASE 3:LAS VOCALES

La segunda parte del ejercicio consiste en que transliteres fonéticamente **el texto** a nuestro sistema de escritura, juntando consonantes y vocales y dándoles sonido. Para saber cómo transliterar una palabra con **shevá** revisa primero la clase 4 de este manual.

1 ⁷⁰ וַיֹּאמֶר אֱלֹהִים אֶל מֹשֶׁה אֶהְיֶה אֲשֶׁר אֶהְיֶה
                          "Soy que el Soy Yo"   Moisés a   Dios   dijo Y

2 וַיֹּאמֶר כֹּה תֹאמַר לִבְנֵי יִשְׂרָאֵל אֶהְיֶה שְׁלָחַנִי אֲלֵיכֶם׃
         ustedes a enviado ha me " Soy Yo" , Israel de hijos los a dirás así ,dijo Y

3 וַיֹּאמֶר עוֹד אֱלֹהִים אֶל מֹשֶׁה כֹּה תֹאמַר אֶל בְּנֵי יִשְׂרָאֵל
    Israel de hijos los a   dirás   Así   .Moisés a   Dios también habló Y

4 יְהוָה אֱלֹהֵי אֲבֹתֵיכֶם אֱלֹהֵי אַבְרָהָם אֱלֹהֵי יִצְחָק וֵאלֹהֵי
       de Dios y ,Isaac de Dios ,Abraham de Dios . padres vuestros de Dios ,Señor El

5 יַעֲקֹב שְׁלָחַנִי אֲלֵיכֶם זֶה־שְּׁמִי לְעֹלָם וְזֶה זִכְרִי לְדֹר דֹּר׃
      me se Así .siempre para nombre mi es Este .ustedes a enviado ha me ,Jacob
                                     .generación en generación de ,recordará

---

[70] Al final de la línea **1** he destacado entre dos llaves la frase que ha sido traducida en nuestras biblias como "*yo soy el que soy*", si bien es cierto en español son 5 palabras en hebreo como podrán ver son solo 3. Una *transliteración* posible es "**ehyéh ashér ehyéh**". Una cosa interesante es que una *traducción* más probable es "*yo soy el que siempre estoy*". Esto porque Israel en el desierto había tenido una experiencia concreta de Dios, habían visto su poder y protección. En cambio "*yo soy el que soy*" tiene un tinte más filosófico, y por ende más abstracto, en contraposición a la experiencia concreta de los "rescatados" del pueblo de Dios. Otras tradiciones indican que el tetragrama es la fusión del perfecto, participio e imperfecto del verbo ser y estar, lit. "el que fue, el que es, y el que será".

Ejercicio 2 (basado en el texto hebreo del ejercicio de la página anterior)

Ahora que ya estás familiarizado con las consonantes y vocales de un texto hebreo, y que ya has comenzado a leerlo, recordando así tus años más tiernos de la primaria, cuando comenzastes a leer. Te invito a preparar un café, o jugo y algo para comer, para luego pasar a contestar las siguientes preguntas que haré por línea y palabra, siempre de derecha a izquierda. Por ejemplo, si quiero preguntar por la segunda palabra de la línea uno lo escribiré así: L1 (línea uno). P2 (palabra dos). Aquí vamos:

L1. P1 = Si esta palabra tiene tres vocales ¿Cuál de ellas es una vocal larga?

_____

L1. P6 = ¿Cuántas vocales cortas tiene aquí esta palabra?

_____

L1. P7 = La letra **yod** ¿Es aquí consonante o vocal?

_____

L2. P4= La letra **yod** ¿Es aquí consonante o vocal?

_____

L2. P2 = La letra **kaf** ¿Suena aquí como j o como K?

_____

L3. P2 = La vocal **jólem** ¿Es aquí plena o defectiva?

_____

L3. P6 = La letra **kaf** ¿Suena aquí como J o como K?

_____

L4. P2 = ¿Cómo se llama la primera vocal?

_____

L5. P3 = Aquí tenemos una de las cinco letras con forma final diferente, la **mem**. ¿Recuerdas cuáles son las otras 4 letras finales o **sofit**?

_____

CLASE 3: LAS VOCALES

Coffee Break
Debate

¿Es la pronunciación del hebreo masorético, la misma de quienes las pronunciaban en los tiempos de Jesús o anteriores?

Esta es una pregunta recurrente en las clases de hebreo, sobre todo en lo relacionado con la correcta pronunciación del nombre de Dios, el cual en el texto hebreo está representado por cuatro consonantes cuya vocalización no siempre es constante en la biblia hebrea. La cuestión es que la vocalización masorética, recoge **la mejor** tradición de la pronunciación del texto consonantal, en la época que se comenzó a hacer ese trabajo[71], pero sabemos que no era la única línea de transmisión.

Por ejemplo, existe una tradición independiente al texto hebreo tradicional, que es conocida como la *recensión samaritana*, la cual en varias palabras tiene otra pronunciación[72]. De hecho, podemos ver que en los mismos textos masoréticos, no existía una coherencia entre la forma de decir-escribir ciertas palabras[73], incluso en una misma familia de escribas. Sin embargo este tipo de problemáticas prácticamente no afecta la lectura y mucho menos la interpretación de tal o cual texto.

---

[71] Entre los años 500 y 1.000 D.C.
[72] Usualmente a este cambio de vocalización en diferentes textos se le denomina "variante", aunque esta palabra en círculos académicos se aplica además a consonantes y palabras completas, antes que a diferentes vocalizaciones.
[73] Incluso en la actualidad podemos ver la diferencia de pronunciación de algunas palabras entre judíos sefaradíes y asquenazíes (ver nota siguiente página).

Ejemplo

En Génesis 1:18 tenemos una palabra que aparece con vocalización diferente en dos textos de la misma escuela, la tradición Ben Asher. La traducción es *"y para poner separación"*.

En el texto conocido como **Aleppo** (930 d.C) aparece de esta forma:

וּלֲהַבְדִּיל

Mientras que en el texto de **Leningrado** (1008 d.C) o B19A aparece así:

וּלֲהַבְדִּיל

Descubre la diferencia entre las dos palabras y verás la diferencia en la pronunciación.

Algo que todo estudiante de hebreo debe saber, es que incluso hoy mismo hay diferencias de pronunciación con respecto a algunas letras del hebreo. Por eso no deben extrañarse que cuando vean videos en Youtube por ejemplo, diferentes judíos, de diferentes tradiciones pronuncien ciertas palabras de forma diferente.

Esto pasa porque incluso la cultura donde se desarrollan dichos judaísmos ya tiene formas de pronunciación más locales. Así, encontraremos judíos rusos, americanos, sefaradíes o ashkenazies que podrían pronunciar la misma palabra hebrea de diferente manera.

Letras como la *hei*, *vav*, *ayin*, *tav*, *yod* y vocales como el *shevá o la qámets*, no siempre tendrán una norma "standar" de pronunciación, por lo que es posible escucharlas sonar diferentes, dependiendo de factores territoriales y culturales.

NOTAS

NOTAS

Clase 4

. Apuntes sobre la semivocal *shevá*
. Reglas relacionadas con la lectura del *shevá*
. Ejercicio 1
. Ejercicio 2
. Textos hebreos famosos en la historia. La Políglota Complutense
. Coffee Break. Comparación gráfica de Daniel 2:3-4 entre el texto hebreo y arameo de este libro

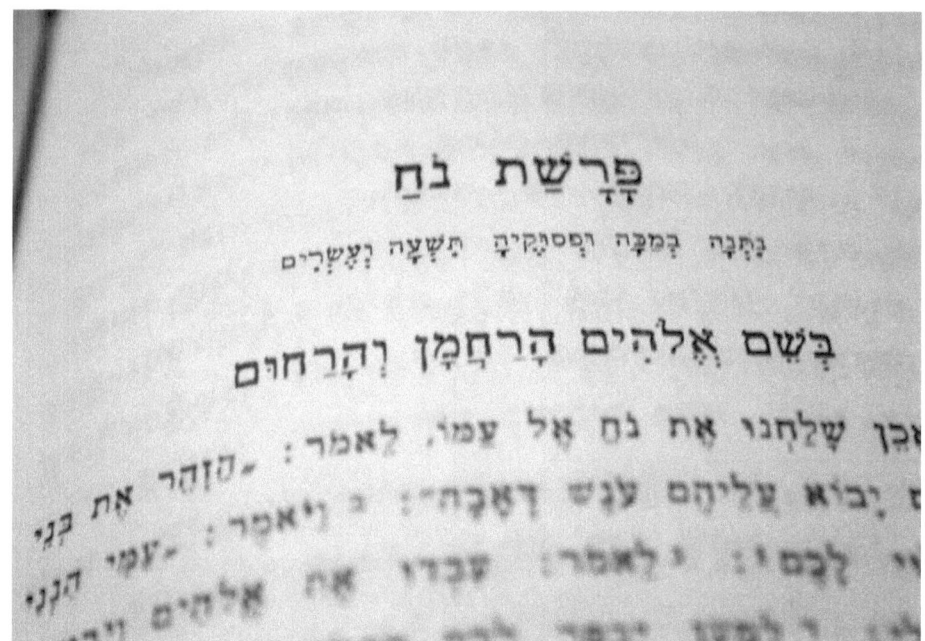

LA SEMIVOCAL SHEVÁ

La semivocal *shevá*, son dos puntos verticales, similares a nuestros dos puntos, pero que se colocan debajo de las consonantes. La característica principal de esta semivocal es que a veces suena, como una **E** corta, y a veces no[74], por lo que hay ciertas reglas para definir cuándo lo hace y cuándo no. Si bien hemos venido diciendo que el objetivo de estas clases es la traducción, cuando aquí nos referimos al "sonido", lo hacemos en función de que esta semivocal al leerse correctamente, nos ayuda a interpretarla correctamente. A continuación algunos ejemplos y reglas:

Suena al ir en principio de palabra. Lit. **verúaj**

Vocal Larga *qámets*. Lit. **Hayetá.** El shevá aquí suena, porque viene después de vocal larga.

Este *Shevá* nunca suena cuando va en *Kaf* final. Lit. **saráij**

---

[74] Sobre este tema relacionado con la pronunciación o no sonoridad del *shevá*, hay que tener presente que no todas las tradiciones hebreas son consecuentes con esta regla general, ya que en muchas lecturas, diferentes tendencias del judaísmo e incluso traducciones bíblicas, vierten de igual forma un *shevá* como sonoro cuando según la regla no lo sería.

CLASE 4: EL SHEVÁ

REGLAS RELACIONADAS CON LA LECTURA DEL SHEVÁ

- El *shevá* siempre suena al principio de una palabra.
- También suena después de una vocal larga, por lo tanto después de una vocal corta no tiene sonido.
- También se le conoce como separador de sílaba, porque es ésta semivocal, la que determina dónde comienza o dónde termina una sílaba en hebreo, de ahí su importancia en la lecto-interpretación.
- Cuando va al final de la palabra dentro de una *jaf final* no suena.
- Cuando van dos al principio de una palabra el primero se transforma en *jírek*, por lo que el segundo queda mudo.
- Cuando caen dos *shevás* juntos en medio de una palabra, el primero es mudo y el segundo sonoro.

Ejemplos

Shemót es el nombre con que los judíos conocen al libro de Éxodo, significa "nombres", ya que el texto comienza con la frase *"y estos son los nombres..."*. Si seguimos la regla indicada más arriba veremos que el *shevá* lo debemos pronunciar porque está comenzando la palabra.

Sin embargo en esta palabra el *shevá* no se lee porque según la regla, vendría después (recuerden que se lee de derecha a izquierda) de una vocal corta, en este caso la *jírek*, lo que quiere decir entonces, que la palabra la debo leer como "*Israel*" y no como "*Iserael*". Notar en la misma palabra la ubicación del puntito sobre la letra *sin* y comparar con la *shin*.

מִצְרַיְמָה — En esta palabra podemos observar dos **shevás**. El primero está debajo de la letra **tsade**, y viene después de una vocal corta, por lo que no se lee. Pero el segundo que está debajo de la **yod** sí se leería, porque viene después de una vocal larga, la **qámets**. De este modo, la forma correcta de leer esta palabra es *"mitsráyemah"* = Hacia Egipto.

לִבְנֵי — Aquí tenemos una palabra que podría traducirse como: a/ para / los hijos de. La **lamed** que está ahí debiera tener como vocal pura un **shevá**, pero como la **bet** ya tiene su propio **shevá** la primera consonante, como dice la regla, debe cambiar su **shevá** por una **jírek**. La palabra se lee entonces *"livnei"* o *"livné"*.

וְנִכְבְּשָׁה — Aquí tenemos una palabra con muchos **shevás**. El primero (de derecha a izquierda), se lee porque está al principio de la palabra. Después tenemos dos en medio de la misma, la regla dice que el primero no se lee y sí el segundo, por todo esto la palabra se leería: *"venijbeshá"*. Lit. Será dominado.

בְּתוֹךְ — Finalmente aquí tenemos una palabra que termina con un **shevá** dentro de la **kaf sofit**. Usualmente dentro de esta letra final, va un **shevá** mudo, también a veces una **qámets** o **un dagésh (ver clase 6 de este manual)**. En ese último caso la **Kaf** sonaría dura (oclusiva). La pronunciación de esta palabra queda entonces como *"betój"*.

CLASE 4: EL SHEVÁ

Ejercicio 1

Indica donde corresponda si el **shevá** es sonoro o mudo según las reglas aprendidas (**S** para sonoro, y **M** para mudo). Cuando haya más de uno en una palabra escribe si es mudo o sonoro comenzando siempre desde la derecha. Además responde la pregunta de la línea.

וּמִשְׁפָּט   _M_   ¿La letra **Pe** aquí se pronuncia como P o F? _pe_

כְּבָשֵׁל   ___¿La **kaf** del principio se pronuncia aquí como K o J?_____

בְּיָדוֹ   ___La **yod** ¿es aquí vocal o consonante?_____

יִשְׂרָאֵל   _____ La letra sibilante ¿se pronuncia aquí como S o SH?____

וַתְּהִי   _____¿Qué número representa la letra **hei**?_____

הַנְּעָרִים   ___¿Qué sonido daremos a la consonante **ayin**?_____

בְּמִדְבַּר   _____¿Logras ver la diferencia entre la **dalet** y la **resh**?_____

לְמִשְׁפְּחֹתָם   ___¿Cómo se llama la única vocal supralineal?_____

לְגֻלְגְּלֹתָם   ___Aquí hay una U corta ¿cómo se llama?_____

תִּפְקְדוּ   ___¿Es correcto decir que aquí hay 5 consonantes?_____

וַיֹּאמֶר = vayyomer[75] ____

אֱלֹהִים = alohim ____

אֶל = el ____

מֹשֶׁה = Moshé ____

אֶהְיֶה = ehyeh ____

אֲשֶׁר = esher ____

אֶהְיֶה = eheyeh ____

וַיֹּאמֶר = vayyomer ____

כֹּה = koh ____

תֹאמַר = tomer ____

לִבְנֵי = livney ____

יִשְׂרָאֵל = Ishrael ____

אֶהְיֶה = ehyeh ____

שְׁלָחַנִי = shelajany ____

אֲלֵיכֶם = aleyjem ____

Ejercicio 2

Usando el mismo texto estudiado en el ejercicio de la clase anterior (primer versículo) con las palabras en hebreo, propondré una transliteración. La idea es que lean la transliteración y coloquen al lado una marca **X** en las palabras **erróneas**.

Esto porque en cinco palabras deliberadamente cometeré algunas equivocaciones.

---

[75] Hay un punto interior en algunas consonantes, este se llama **dagésh**, técnicamente son dos, uno **forte**, o duplicador y uno llamado **lene**. El **dagésh** duplicador es aquel que le precede un sonido vocálico dentro de la misma palabra. Por esto en algunas palabras del ejercicio aparecen dos consonantes iguales juntas. Más información en la clase 6 de este manual.

CLASE 4: EL SHEVÁ

TEXTOS HEBREOS FAMOSOS EN LA HISTORIA

Biblia Políglota Complutense. Hecha en España cerca de 1517 es una de las grandes creaciones filológico-bíblicas del renacimiento. Llevada adelante por iniciativa del Cardenal Cisneros junto a un grupo de especialistas en lenguas clásicas, ha pasado a la historia universal como una de las grandes biblias de todos los tiempos. Se denomina políglota porque el Pentateuco estaba escrito en latín, hebreo, arameo (Onkelos) y griego. Incluye anotaciones al margen de raíces verbales al estilo masorético en el Antiguo Testamento.

Coffee Break
Comparación gráfica de Daniel 2:3-4
Entre el texto hebreo y arameo de este libro

El propósito de este "alto en el camino", es poder mostrarte como está inserto el texto arameo en la Biblia hebrea. Como verás más abajo, gráficamente no hay diferencia entre el hebreo (texto más claro) y el arameo. Ambos usan las mismas consonantes y los mismos símbolos vocálicos. Lo que no descarta la diferencia en pronunciación. Ejemplo:

הַמֶּלֶךְ Esta palabra/frase en hebreo se lee *hamélej (el Rey)*

מַלְכָּא Y acá está la misma frase pero en arameo, y se lee *malká*. Ambas palabras están en el texto de más abajo, tienen la misma raíz, pero se escriben distinto.

וַיֹּאמֶר לָהֶם הַמֶּלֶךְ חֲלוֹם חָלָמְתִּי וַתִּפָּעֶם רוּחִי לָדַעַת אֶת־הַחֲלוֹם׃
וַיְדַבְּרוּ הַכַּשְׂדִּים לַמֶּלֶךְ אֲרָמִית
מַלְכָּא לְעָלְמִין חֱיִי אֱמַר חֶלְמָא לְעַבְדָךְ וּפִשְׁרָא נְחַוֵּא׃

NOTAS

CLASE 5: LAS SÍLABAS Y ACENTOS

Clase 5

. Las sílabas
. Ejercicios
. Los acentos (*teamím*)
. Acentos y marcas sintácticas principales
. Debate
. Ejemplo de acentuación masorética en Josué 1:1
. Sopa de letras

LAS SÍLABAS

El HB tiene **dos** tipos de sílabas:[76] una abierta y otra cerrada. Una sílaba abierta es aquella que tiene una **consonante + vocal**, por ejemplo la partícula española "no". Mientras que una sílaba cerrada es aquella que tiene una **consonante + vocal + consonante**, ejemplo "mar". Para poder avanzar correctamente en esto, es muy importante que la lección anterior la hayas estudiado a conciencia, porque el *shevá* si no es sonoro estaría cerrando sílaba, de lo contrario la estaría abriendo, por lo que determinarlo bien, es vital en la lectura correcta del texto y en muchas traducciones, ya que en HB una vocal mal leída-interpretada puede hacer que una palabra signifique una u otra cosa.

Datos a tener en cuenta en relación a las sílabas:

1. Una sílaba cerrada CVC y sin acento tónico, siempre tiene una vocal corta.
2. Una sílaba abierta, dependiendo de su acentuación tónica, puede tener una vocal larga.
3. Cada sílaba tiene una sola vocal (aunque en hebreo tambien hay diptongos como los producidos por la *pátaj furtiva*)
4. Ni el *shevá* ni las semivocales *jatéf* tienen sílaba propia. Lo que en principio puede ser algo complicado, porque hemos aprendido que cada sílaba tiene una sola vocal. Sin embargo no olvidemos que el *shevá* y las semivocales no son vocales plenas o en toda la extensión de la palabra.
5. Hay 4 consonantes que cuando van al final de una sílaba no la cierran, estas son: אהוי

---

[76] Algunos autores hablan de más de una, pero para efectos de esta introducción las más importantes y que nos ayudarán son dos.

CLASE 5: LAS SÍLABAS Y ACENTOS

Ejemplos

 = primera sílaba abierta **C + A** y segunda sílaba cerrada **S + A + S**

אָמַר

> Esta palabra es el participio activo (gerundio) del verbo hebreo DECIR, por lo que aquí se traduce como DICIENDO. Palabra que según algunos estaría relacionada con el nombre propio árabe OMAR. La primera sílaba está abierta *alef* + **O** Larga. Y la segunda sílaba está cerrada *mem* + **E** larga + *resh* (CVC).

> Esta palabra es un buen ejemplo de lo que hemos estudiado en la clase I, sobre esa característica del hebreo de decir mucho con pocas palabras. Aquí literalmente dice PADRE-S-VUESTROS en una sola palabra. Ahora veamos la silabización:
> **Sílaba 1:** *alef* + semivocal *jatéf pátaj* + *bet* + *jólem* (no olvidemos que las semivocales no tienen sílaba propia). Por lo tanto, esta es una sílaba abierta porque termina en vocal C + V.
> **Sílaba 2:** *tav* + E larga *tsére yod* = Sílaba abierta.
> **Sílaba 3:** *jaf* + E corta *segól* + *mem* FINAL = sílaba cerrada C + V + C.
> Esta palabra se lee en hebreo. *Abotéijem*.

Ejercicio 1

El texto hebreo del siguiente ejercicio es Génesis 6:2. Y su traducción más cercana a lo literal es: *"Y vieron los hijos de **el** Dios a las hijas de la humanidad, las cuales eran hermosas. Y he aquí que tomaron para sí, mujeres de entre todas las que eligieron"*.

El ejercicio consiste en verificar la separación de las sílabas propuesta para cada palabra del texto. Además en cada línea **hay una palabra** que está mal dividida. Compara tus resultados con la siguiente explicación y descubre el error[77].

Línea 1, 9 palabras. P1 = 3S[78] / P2 = 1S / P3 = 3S / P4 = 1S / P5 = 2S / P6 = 3S / P7 = 1S / P8 = 2S / P9 = 2S

1 וַיִּרְא֞וּ בְנֵי־הָֽאֱלֹהִים֙ אֶת־בְּנ֣וֹת הָֽאָדָ֔ם כִּ֥י טֹבֹ֖ת הֵ֑נָּה

Línea 2, 6 palabras. P1 = 3S / P2 = 1S / P3 = 2S / P4 = 2S / P5 = 1S / P6 = 3S

2 וַיִּקְח֤וּ לָהֶם֙ נָשִׁ֔ים מִכֹּ֖ל אֲשֶׁ֥ר בָּחָֽרוּ׃

LOS ACENTOS (*TEAMÍM*)

- Los acentos tónicos (prosódicos y ortográficos), en hebreo suelen ir generalmente en la última sílaba, o en la penúltima sílaba[79].

- En la mayoría de las palabras del texto hebreo masorético los acentos van escritos (acento ortográfico). Incluso a veces van dos acentos en una misma palabra.

- En total son casi 50 marcas llamadas *Teamím* que hay en un texto hebreo masorético. Los hay para textos narrativos y textos poéticos (Salmos, Proverbios y Job).

- Los *Teamím* tienen 3 funciones de apoyo al lector:

---

[77] Compara tus resultados con la última nota a pie de página de este capítulo.
[78] Palabra 1 (P1) (de derecha a izquierda) = 3 **S**ílabas (3S).
[79] En este mismo orden se les denomina acento *Milrá* y *Milél*.

CLASE 5: LAS SÍLABAS Y ACENTOS

1. **Función de "acento"**. Osea, marcar la fuerza del tono en la lectura de un texto. Hay ocasiones en que verán más de una de estas marcas en la misma palabra, para esto deben saber lo siguiente: *si ambos acentos son iguales el que marca el tono es el primero, si son diferentes el que marca el tono es el segundo.*

2. **Función sintáctica**. Estas marcas además indican las separaciones en la lectura del texto, son una ayuda sintáctica del mismo, ya que corresponden a nuestros signos de puntuación como: punto, coma, punto aparte, punto y coma, dos puntos, etc. Se dividen en acentos *conjuntivos y disyuntivos*[80]. Lo que indica también que de alguna forma salvaguardan la interpretación correcta del texto[81].

3. **Función musical**. Estos signos también sirven para la recitación melódica del texto hebreo[82].

---

[80] Cuando nos referimos a **acentos conjuntivos** queremos decir que son marcas que nos indican, que aquella palabra que está afectando se lee unida en sentido lógico con la siguiente, formando de esta forma microestructuras internas en un mismo versículo. Por otro lado los **acentos disyuntivos** son aquellos que nos indican que la palabra que están afectando, es la última de una microestructura, y que por lo tanto la siguiente comienza una nueva frase u oración. Esto es muy importante porque nos ayuda pedagógicamente a trabajar un texto y su traducción, ya que nos permite ir trabajando tramos cortos, que después iremos uniendo al resto de las otras microestructuras que finalmente formarán el versículo completo.

[81] Cuando digo "la interpretación correcta", quiero decir que no debemos olvidar, que estas marcas se pusieron a finales del primer milenio de la era común. Lo que quiere decir que los masoretas recogieron la mejor tradición de lectura y recitación, pero no "toda" la tradición de la época.

[82] Para escuchar Mp3 con recitaciones del texto hebreo se puede visitar: http://www.aoal.org/hebrew_audiobible.htm o http://www.pockettorah.com/

ACENTOS Y MARCAS SINTÁCTICAS PRINCIPALES

Hasta aquí hemos dicho que hay casi 50 marcas diferentes para aclarar, entonar y cantar el texto hebreo. Por lo que a continuación les mostraré cuatro de los acentos disyuntivos (separadores) principales[83], esto indistintamente si están situados en textos prosaicos o poéticos.

Esa especie de "punta de flecha" llamado *atnáj* (en otras gramáticas *etnajtá*), que está debajo de la letra *sin*, es uno de los principales separadores o acentos disyuntivos en un versículo, conocido también como uno de los "Césares" por la cantidad de territorio (parte de un versículo) que gobierna. Su función principal es dividir un versículo (*pasúk* en hebreo) en dos partes, no siempre equitativas, pero sí en dos partes lógicas. Su función **es como** punto seguido, coma o punto y coma.

Este acento es el *sof pasúk* (literalmente, fin de versículo), segundo gran divisor o "César" de un versículo. Su forma es como la de nuestros dos puntos y siempre va al final de un versículo en la biblia hebrea. Asimismo, va siempre acompañado de una rayita vertical que se pone en la última palabra de cada versículo llamada *silúk*. Su función **es como** punto final o punto seguido.

En el orden de importancia de división de un versículo, sigue el llamado *zakéf qatón*, es uno de los "reyes" que divide la mitad de la mitad de un versículo. Su forma es similar al *shevá* pero éste va sobre la consonante, nunca debajo como la semivocal. Tiene un hermano muy parecido que se llama *zakéf gadól* que tiene una línea justo al lado izquierdo aunque su uso es menos frecuente que el *zakéf qatón*. Su función **es como** una coma.

Finalmente dentro de los separadores más usados está el *rebía*. Es uno de los acentos conocidos como "segundos". Si bien es un divisor, divide un terreno menor que los Césares o los Reyes. Su forma es como la de un diamante. Dependiendo del tamaño de letra que tenga tu biblia hebrea posiblemente al principio lo confundas con la vocal *jólem* (sonido de o). Su función **es como** punto o coma, o simplemente una pausa breve en la lectura.

---

[83] En la clase 13 mostraré los acentos **conjuntivos** más comunes.

Coffee Break
Debate
Cuando una coma o un punto **nos** puede separar

Hay un texto bíblico que es sabrosamente debatido entre cristianos y judíos, en relación con la correcta interpretación del mismo, y debido justamente a la colocación de uno de estos acentos presentados más arriba, específicamente el *atnáj*. El texto es Daniel 9:25, que en la versión Reina Valera 1960 dice así:

"Sabe, pues, y entiende, que desde la salida de la orden para restaurar y edificar a Jerusalén hasta el Mesías Príncipe, habrá siete semanas, y sesenta y dos semanas; se volverá a edificar la plaza y el muro en tiempos angustiosos".

El asunto es el siguiente: una gran parte del cristianismo suma siete semanas + sesenta y dos semanas. Eso les da sesenta y nueve semanas, a lo que después se le suma una semana más, que viene en los versículos posteriores del texto, y con eso da la famosa profecía de las 70 semanas de Daniel. El problema es que justo después de la frase "habrá siete semanas" en el texto hebreo aparece un separador, un *atnáj*. Este separador hace que el judaísmo lea siete semanas como un evento y sesenta y dos semanas como otro evento. De hecho ambos pueden ser seguidos e identificados como históricos, mientras que el cristianismo los suma y dice que ese separador en realidad solamente pone un énfasis no una separación de hechos. Los argumentos a favor y en contra pasan por:

Cristianos dicen: Los masoretas no estaban de acuerdo con la interpretación de los cristianos, por lo tanto pusieron un separador en medio, para desarmar la interpretación referida a la venida y bautismo de Jesús. **Judíos responden**: El texto hebreo siempre se leyó con esa pausa en medio. Lo que hicieron los masoretas fue solo poner por escrito una tradición centenaria, por lo que siempre habrían sido pensados como eventos separados.

Ejemplo de acentuación masorética en Josué 1:1

En este ejemplo indicaré solo aquellas marcas más importantes, que no son ni consonantes ni vocales para que las reconozcan con mayor facilidad.

Este acento es uno de los más importantes en el texto, porque literalmente divide un versículo en dos. Por lo tanto es una acento disyuntivo, tiene forma de punta de flecha. Se llama **ATNÁJ**.

Este acento que está abajo entre los dos "segoles", parece una escuadra. Es un acento conjuntivo, quiere decir que esta palabra se lee unida con la siguiente. Se llama **MUNÁJ**.

וַיְהִ֕י אַחֲרֵ֕י מ֣וֹת מֹשֶׁ֖ה עֶ֣בֶד יְהוָ֑ה
וַיֹּ֤אמֶר יְהוָה֙ אֶל־יְהוֹשֻׁ֣עַ בִּן־נ֔וּן מְשָׁרֵ֥ת מֹשֶׁ֖ה לֵאמֹֽר׃

Finalmente tenemos estos dos puntos que son similares en forma a nuestros dos puntos en español. Su nombre es **SOF PASÚK** y siempre en el texto bíblico-masorético indica el fin de un versículo o *pasúk* en hebreo.

Este acento que está sobre la NUN es parecido a un shevá pero no lo es. Se llama **ZAQUÉF QATÓN** y es un separador, un acento disyuntivo.

Este acento, por su forma es conjuntivo, porque está apuntando hacia la palabra que viene después. Se llama **MAPÁK**.

CLASE 5: LAS SÍLABAS Y ACENTOS

Ejercicio 2

Sopa de Letras "Sagradas"

Encuentra las palabras del texto de Josué presentado en el ejercicio anterior (aquí lo pusimos abajo). Para la **shúrek** y la **jólem vav** se tomará la letra **vav** como consonante para evitar problemas. Te ayudaré con la primera palabra y verás que es fácil. La posición de las palabras puede ser invertida al sentido de la lectura, de abajo hacia arriba, y en diagonal[84].

מ	כ	מ	ל	א	מ	ר	ל	פ	ת	א	ל	שׁ	ד	ס	י	א	ו	ר	ק
י	ו	ת	ר	ר	ז	צ	יְ	ב	שׁ	נ	מ	ו	שׁ	ה	ב	ט	שׁ	מ	נ
ח	פ	ת	י	ה	ל	כ	הַ	מ	נ	ב	שׁ	ר	ו	ד	ס	א	ק	א	ז
ק	ת	ר	שׁ	מ	ל	ט	יְ	ג	ת	ר	ד	שׁ	י	ר	ח	א	ק	י	שׁ
ט	ת	י	ד	ב	ע	ה	וֹ	ק	ו	ר	ע	ג	פ	י	ו	ז	צ	ו	נ
שׁ	ג	ה	ו	ה	י	ו	נ	ו	נ	ב	א	ת	ד	י	ר	ה	שׁ	מ	כ

Josué 1:1

וַיְהִ֗י אַחֲרֵ֛י מ֥וֹת מֹשֶׁ֖ה עֶ֣בֶד יְהוָ֑ה
וַיֹּ֤אמֶר יְהוָה֙ אֶל־יְהוֹשֻׁ֣עַ בִּן־נ֔וּן מְשָׁרֵ֥ת מֹשֶׁ֖ה לֵאמֹֽר׃

---

[84] Hay dos palabras repetidas, solo basta con encontrar una en el ejercicio.

Respuestas ejercicio 1 de esta lección: Primera línea בָּנוֹת Segunda línea לָהֶם

NOTAS

Clase 6

. El Dagésh
. A tener en cuenta
. Ejercicio 1
. Ejercicio 2
. Práctica general de lectura

EL DAGÉSH

Hasta aquí hemos visto que el texto hebreo está compuesto de **consonantes, vocales, puntos, rayas** y **signos** que son acentos, con a lo menos tres funciones diferentes cada uno.

Ahora seguiré escribiendo acerca de **puntos**, pero de unos que van dentro de algunas consonantes hebreas y que tienen funciones bien interesantes. Para graficar esto, primero les mostraré un texto hebreo para que vean con claridad de qué estamos hablando. Este versículo es Génesis 42:5ª, que se traduce como: *"y vinieron los hijos de Israel a comprar entre los que venían"*. Fíjense ahora que de las seis palabras que están en el texto cinco llevan en una consonante un "puntito interior" (las flechas indican esas consonantes). Esos puntos interiores se llaman **dagésh**[85].

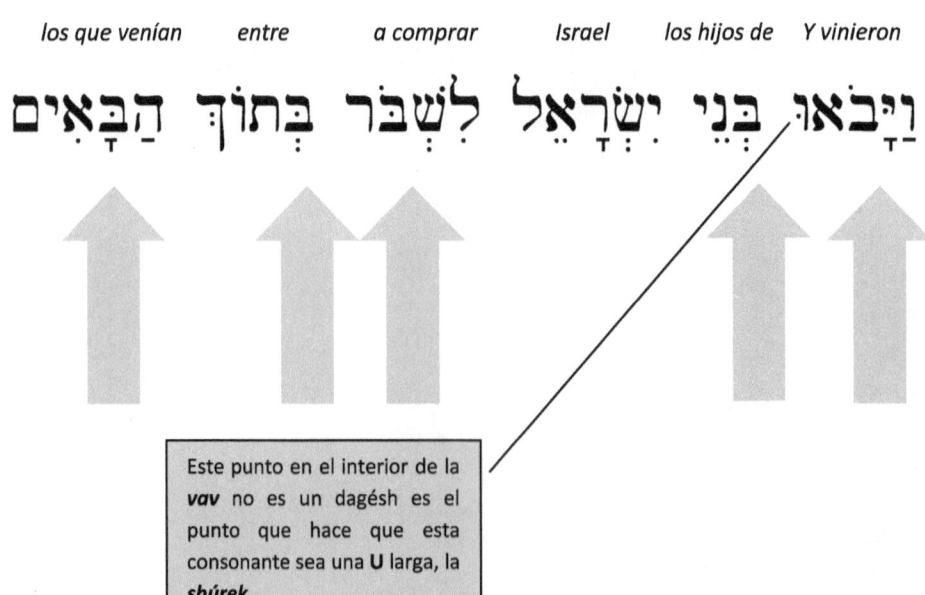

Este punto en el interior de la *vav* no es un dagésh es el punto que hace que esta consonante sea una **U** larga, la **shúrek**.

---

[85] Pronunciado como "g" y no como "j".

CLASE 6: EL DAGÉSH

A tener en cuenta

1. Si bien, es cierto que este "punto" es el mismo en su forma, tiene dos funciones diferentes, por lo tanto dos nombres. El primero se llama ***dagésh forte*** (fuerte) que básicamente lo que hace es duplicar el sonido de una consonante[86]. Y al segundo se le denomina ***dagésh lene*** (suave) que se utiliza solamente dentro de seis consonantes (בגדכפת), las cuales se conocen con la palabra **BEGADKEFAT**[87], y su efecto en ellas es hacer que suenen "duras" (כָ = jaf / כָּ = kaf). Sin embargo en este curso notaremos que este efecto solo puede ser adscrito a la **KAF** y a la **PE**. Ver el siguiente párrafo.

2. La presencia de un ***dagésh*** en las consonantes que no son guturales (ver punto 4) provoca algunos cambios. Por ejemplo un ***dagésh*** en la consonante Kaf כ hace que esta suene como **K**, mientras que la ausencia de este punto en la misma hace que suene como **J**. Lo mismo ocurre con la פ que cuando lleva el ***dagésh*** suena como **P**, y en caso contrario suena como **F**.

3. Un punto en el interior de la ***vav*** indica que ésta es vocal y no una consonante duplicada.

4. Las guturales אהחער (consonantes que se pronuncian desde la garganta) no admiten ***dagésh***.

---

[86] Duplicación quiere decir que el sonido es un poco más largo que lo habitual, si transliteráramos una palabra con ***dagésh forte*** lo haríamos de la siguiente manera. Ejemplo. הַשָּׁמַיִם lit. "los cielos", transliteración ***hash-shamáyim***. El ***dagésh forte*** está en la shin.

[87] **Begadkefat** son simplemente las consonantes dentro de las cuales va el dagésh lene, el nombre **begadkefat** es una clave de memorización. En el judaísmo, sobre todo en su gramática se usan mucho estas fórmulas para recordar conceptos.

5. La clave para saber cuando un **dagésh** es forte o lene es que el **dagésh forte** siempre está precedido por una vocal o sonido vocálico (incluído el *shevá* sonoro). El **dagésh lene** nunca[88].
6. En algunas ocasiones encontraremos al final de una palabra una **hei**[89] con un "punto interior" esta es la excepción a la regla ya que ese punto **no** es un **dagésh**, en este caso su nombre es **mapíq** y su función es indicarnos el posesivo de tercera persona femenino singular. Además provoca un cambio de **sonido** ya que hemos dicho hasta aquí que la **hei** será como una **H** nuestra, sin sonido, sin embargo cuando el caso es con **mapíq** la **hei** debe sonar fuerte como una **J**.
7. Un *shevá* debajo de una consonante con **dagésh forte** siempre es sonoro.

Ejercicio 1

Según las reglas aprendidas, indica qué **dagésh** es el que tiene cada sílaba. En caso que una palabra tenga dos **dagésh** sigue este ejemplo: sílaba 1 *dagésh lene*, sílaba 2 *dagésh forte*. Dos de las palabras tienen puntos que NO son **dagésh**, ¿puedes decir cuáles son?

דִּבֶּר _____

בָּנִים _____

גִּדַּלְתִּי _____

---

[88] Cuando nos referimos ya sea al **dagésh** o al *shevá* en relación a las "vocales que anteceden" siempre es dentro de la palabra no en relación a la palabra anterior.
[89] En algunas ocasiones puede estar dentro de una *alef*.

CLASE 6: EL DAGÉSH

עַמִּי _____

תֵּכוּ _____

בַּשֶּׁמֶן _____

שִׂכְּרָה _____

אֲמִתַּי _____

הַגְּדוֹלָה _____

וַיָּקָם _____

מִלִּפְנֵי _____

Ejercicio 2

Hasta aquí llevamos 6 clases listas, estamos de lleno conociendo el fascinante mundo del HB, y por lo tanto es hora nuevamente de poner en aprietos nuestras diferentes formas de aprender. Revisaremos los primeros dos versículos del libro de Jonás. Imagino que conocen la historia: la del hombre tragado por el gran pez, vomitado, y devuelto a la misión que Dios le había encargado en relación a Nínive.

Manual de Hebreo Bíblico

Sobre este texto haré algunas preguntas sencillas con nuestro método ya conocido. Desde aquí en adelante colocaré los textos con todas sus marcas sintácticas (*Teamim*) para que cuando vean una biblia hebrea impresa no les resulte extraña.

1 וַיְהִי֙ דְּבַר־יְהוָ֔ה אֶל־יוֹנָ֥ה בֶן־אֲמִתַּ֖י לֵאמֹֽר׃

2 ק֠וּם לֵ֧ךְ אֶל־נִֽינְוֵ֛ה הָעִ֥יר הַגְּדוֹלָ֖ה

3 וּקְרָ֣א עָלֶ֑יהָ כִּֽי־עָלְתָ֥ה רָעָתָ֖ם לְפָנָֽי׃

L1. P2⁹⁰ = ¿Cuál es la forma correcta de leer esta palabra? Marca con una **X**.
a. dibar_____
b. debir_____
c. debar_____

L1. P3 = ¿Recuerdas cómo se llama ese acento que está sobre la ***vav***?
_____

L1. P6 = La vocal de esta palabra ¿es corta o larga? ¿Cómo se llama?
_____

---

[90] Ya que desde aquí en adelante pondré los textos tal cual aparecen en cualquier Biblia Hebrea, las palabras unidas por ***makéf***, esa rayita horizontal superior, serán tomadas como palabras independientes para el desarrollo de los ejercicios.

CLASE 6: EL DAGÉSH

L2. P1 = ¿Cómo se llama la primera consonante?
_____

L2. P4 = Aquí tenemos una palabra con **shevá** ¿es éste sonoro o mudo?
_____

L2. P5 = La **yod** ¿es aquí vocal o consonante?
_____

L2. P6 = Aquí tenemos una letra **guimel** con **dagésh**. ¿Forte o lene? ¿Por qué?
_____

L3. P1 = ¿Cuántas sílabas tiene esta palabra?
_____

L3. P4 = La última sílaba de esta palabra ¿está abierta o cerrada?
_____

L3. P6 = El **shevá** aquí es ¿sonoro o mudo?
_____

L3. P6 = En esta línea está presente uno de los acentos llamados "Césares", ¿podrías escribir cuál es?
_____

Manual de Hebreo Bíblico

PRÁCTICA GENERAL DE LECTURA

El propósito de este ejercicio es que puedas ya leer el texto bíblico directamente del hebreo sin pasar por la transliteración. El texto escogido es Josué 1: 1-9[91]

1 וַיְהִי אַחֲרֵי מוֹת מֹשֶׁה עֶבֶד יְהוָה
וַיֹּאמֶר יְהוָה אֶל־יְהוֹשֻׁעַ בִּן־נוּן מְשָׁרֵת מֹשֶׁה לֵאמֹר:
2 מֹשֶׁה עַבְדִּי מֵת וְעַתָּה קוּם עֲבֹר אֶת־הַיַּרְדֵּן הַזֶּה
אַתָּה וְכָל־הָעָם הַזֶּה אֶל־הָאָרֶץ אֲשֶׁר אָנֹכִי נֹתֵן לָהֶם לִבְנֵי יִשְׂרָאֵל:
3 כָּל־מָקוֹם אֲשֶׁר תִּדְרֹךְ כַּף־רַגְלְכֶם בּוֹ לָכֶם נְתַתִּיו
כַּאֲשֶׁר דִּבַּרְתִּי אֶל־מֹשֶׁה:
4 מֵהַמִּדְבָּר וְהַלְּבָנוֹן הַזֶּה וְעַד־הַנָּהָר הַגָּדוֹל נְהַר־פְּרָת
כֹּל אֶרֶץ הַחִתִּים וְעַד־הַיָּם הַגָּדוֹל מְבוֹא הַשֶּׁמֶשׁ יִהְיֶה גְּבוּלְכֶם:
5 לֹא־יִתְיַצֵּב אִישׁ לְפָנֶיךָ כֹּל יְמֵי חַיֶּיךָ
כַּאֲשֶׁר הָיִיתִי עִם־מֹשֶׁה אֶהְיֶה עִמָּךְ לֹא אַרְפְּךָ וְלֹא אֶעֶזְבֶךָּ:
6 חֲזַק וֶאֱמָץ כִּי אַתָּה תַּנְחִיל
אֶת־הָעָם הַזֶּה אֶת־הָאָרֶץ אֲשֶׁר־נִשְׁבַּעְתִּי לַאֲבוֹתָם לָתֵת לָהֶם:
7 רַק חֲזַק וֶאֱמַץ מְאֹד לִשְׁמֹר לַעֲשׂוֹת כְּכָל־הַתּוֹרָה אֲשֶׁר צִוְּךָ מֹשֶׁה עַבְדִּי
אַל־תָּסוּר מִמֶּנּוּ יָמִין וּשְׂמֹאול לְמַעַן תַּשְׂכִּיל בְּכֹל אֲשֶׁר תֵּלֵךְ:
8 לֹא־יָמוּשׁ סֵפֶר הַתּוֹרָה הַזֶּה מִפִּיךָ וְהָגִיתָ בּוֹ יוֹמָם וָלַיְלָה לְמַעַן תִּשְׁמֹר
לַעֲשׂוֹת כְּכָל־הַכָּתוּב בּוֹ כִּי־אָז תַּצְלִיחַ אֶת־דְּרָכֶךָ וְאָז תַּשְׂכִּיל:
9 הֲלוֹא צִוִּיתִיךָ חֲזַק וֶאֱמָץ אַל־תַּעֲרֹץ וְאַל־תֵּחָת
כִּי עִמְּךָ יְהוָה אֱלֹהֶיךָ בְּכֹל אֲשֶׁר תֵּלֵךְ: פ

---

[91] Aquí nuevamente he quitado todos los acentos masoréticos del texto, con el fin de ayudar a la claridad del mismo. En los ejercicios finales los textos van con toda su acentuación.

CLASE 6: EL DAGÉSH

Transliteración del texto de Josue 1:1-9

El propósito de esta parte del libro y de la lección, es que mientras vayas practicando la lectura en hebreo de la página anterior. Luego puedas compararla con esta transliteración, que es fonética.

NOTAS: La *yod* la transliteraré usualmente como "i", a menos que vaya al principio de la palabra, donde la transliteraré como "y". *Alef* y *Ayin* solo transliteraré la vocal que las acompaña. Y la *hey* al final de palabra no se transliterará. Con respecto a las consonantes con *dagesh forte*, solo duplicaré aquellas donde lo considere necesario para una mejor pronunciación.

1 *Vaijí ajaré mot Moshé ebed Adonai (no olvidar que el tetragrama = Adonai).*
Vayomer adonai el Yehoshúa bin Nun, mesharét Moshé lemor.
2 *Moshé abdí, met. Veatá qum abor et hayardén hazé*
atá vejól haám hazé el aárets ashér anojí notén lahém livnéi Israel
3 *Kol maqóm ashér tidrój kaf raglejém bo lajém nenatív,*
kaashér dibárti el Moshé
4 *Mehamidbár vehalebanón hazé vead hanahár hagadól nehár perát*
kol érets hajitím vead hayám hagadól mebó hashámesh yihyé gebuljém
5 *Lo yityatséb ish lefanéija kol yeméi jaieíja*
Kaashér haíiti im Moshé ehyé immáj lo arpéja velo eezbeká
6 *Jazáq veemáts, ki atá tanjíl*
et haám hazé et haárets ashér nishbáti laabotám latét lajém
7 *Raq jazáq veemáts lishmór laasót kejól hatorá ashér tsivejá Moshé abdí*
al tasúr mimménu yamín usmol lemaán taskíl bejól ashér teléj
8 *Lo yamúsh séfer hatorá hazé mipíja vehagíta bo yomám valáila lemaán tishmór*
laasót kejól hakatúb bo ki az tatslíaj et derajéja veáz taskíl
9 *Haló tsivitíja jazáq veemáts al taaróts veal teját*
ki imméjá Adonai elohéija bejól ashér teléj.

NOTAS

PARTE 2
GRAMÁTICA

Manual de Hebreo Bíblico. Una guía para curios@s.

CLASE 7: EL ARTÍCULO

Clase 7

. El Artículo definido
. Traducción
. Vocabulario
. Tips relacionados con la *hei*
. El Artículo indefinido
. Sopa de letras
. Coffee Break. ¿Por qué aprender hebreo bíblico?

EL ARTÍCULO DEFINIDO

El artículo definido (el, la, los, las) en hebreo, no va solitario como en español. Como muchos otros **conectores** hebreos va unido a la palabra que define o determina. Su forma básica es una *hei* [92] ה que puede llevar diferentes tipos de vocalización[93], aunque la más común es la *pátaj o qámets*. Este prefijo se coloca delante de la palabra que afecta y además pone un **dagésh forte** en la consonante que sigue, en caso que no sea una gutural[94]. Las demás vocalizaciones dependerán de si la consonante que viene después es una gutural por ejemplo o una consonante con semivocal.

Ejemplos

La traducción de esta palabra es: "**los sacerdotes**" ya que es el plural masculino de Cohen.

הַכֹּהֲנִים

Esta es su forma corriente, su fórmula es HEI + PÁTAJ + DAGESH FORTE en la consonante que sigue. Siempre va unida a la palabra que afecta.

kaf con **dagésh forte**.

Si se fijan con atención, el final de esta palabra termina igual que la de arriba, por lo tanto es también un plural masculino, en este caso de la palabra "árbol".

Ojo con este artículo y su vocalización. La vocal se alargó a *qámets* porque la *ayin* que viene después, no admite *dagésh forte* por lo que la vocal del artículo se debe alargar. A este fenómeno se le llama compensación.

---

[92] En Arameo Clásico el artículo es una א puesta como sufijo, al final de la palabra que define.
[93] Ver en esta misma clase los tips relacionados con la *hei*.
[94] Las guturales no admiten ningún dagésh.

CLASE 7: EL ARTÍCULO

TRADUCCIÓN[95]

Ya que vamos avanzando a buen paso creo que es hora que les presente su primer trabajo de traducción. Para esto usaremos el mismo texto de Jonás presentado en la clase anterior. Aquí lo acompañaré con un vocabulario, en donde tendrán que buscar las palabras y comenzar a **armar su traducción**, la que podrán ir anotando en el espacio debajo de cada línea escrita en hebreo.

Ya que este es su primer acercamiento al ejercicio de la traducción, colocaré los significados completos independiente de si las palabras están o no compuestas. Pero colocaré una nota para que sepan si esa palabra la encuentran completa o no en un diccionario de HB. Por ejemplo si una palabra del vocabulario aparece con este símbolo ∅ significa que así mismo la encontrarán en un diccionario de HB, si aparece sin nada significa que es una palabra compuesta.

1 וַיְהִי דְּבַר־יְהוָה אֶל־יוֹנָה בֶן־אֲמִתַּי לֵאמֹר׃

2 קוּם לֵךְ אֶל־נִינְוֵה הָעִיר הַגְּדוֹלָה

3 וּקְרָא עָלֶיהָ כִּי־עָלְתָה רָעָתָם לְפָנָי׃

---

[95] Una cosa importante a saber ahora que comenzamos con las traducciones, es que al principio no siempre las traducciones que hagamos sonarán semejantes a las bellas estructuras que leemos en nuestras biblias. Es más, en principio muchas de sus traducciones serán tan literales que sonarán a turistas tratando de comprar un recuerdo en un mercado de Budapest, lo que no nos debe desalentar en ningún sentido, ya que estos son nuestros primeros pasos en la traducción, y es natural que no queden todo lo eufónicas que esperamos.

VOCABULARIO[96]

אֶל	A, hacia. Ø.	כִּי	Porque, que. Ø.
אֲמִתַּי	Amitay. Nombre propio. Ø.	לֵאמֹר	Diciendo. Raíz triconsonantal אמר. La *lamed* adelante indica que está en infinitivo (decir) aunque en el texto bíblico se traduce usualmente como participio, diciendo.
בֶּן	Hijo. En realidad la traducción completa sería "hijo de", ya que es una palabra que se encuentra en estado constructo. Ver clase 13. Ø.	לֵךְ	Ve, anda. Imperativo. Verbo irregular de raíz הלך.
דְּבַר	Palabra de. Ø[97].	לְפָנַי	Delante de mí.
הַגְּדוֹלָה	La gran, o la grande. Aquí con artículo definido. Sustantivo Femenino.	נִינְוֵה	Nínive Ø. Nombre propio.

---

[96] Todos los vocabularios en esta gramática están puestos por orden alfabético, como en un diccionario de HB.

[97] Aquí quiero indicar que esta palabra aparece en el diccionario con esa misma secuencia de consonantes, no siempre con ese mismo patrón vocálico.

CLASE 7: EL ARTÍCULO

הָעִיר La ciudad. Ver esta clase para identificar el artículo.	עָלֶיהָ Sobre ella.
וַיְהִי Y aconteció, ocurrió, etc. Verbo *ser y estar* en Hebreo + *vav* consecutiva imperfecta[98]. Raíz היה	עָלְתָה Ha subido.
וַיִּקְרָא Y pregona, proclama, etc. *Vav* consecutiva + raíz triconsonantal קרא.	קוּם Levántate. Imperativo. Ø. La raíz se construye con las mismas consonantes.
יְהוָֹה Nombre sagrado de Dios, traducido por Jehová, Yavé o en el judaísmo como Señor, Adonay o hashém. Ø.	רָעָתָם Su maldad, la maldad de ellos.
יוֹנָה Jonás. Hebreo *Iona* = paloma. Ø.	

---

[98] Quiere decir que es un verbo que técnicamente está en futuro por la *yod* antes de la raíz, pero que la *vav* + *pátaj* delante lo ponen en pasado. Clase 9.

TIPS RELACIONADOS CON LA HEI ה.

- Cuando una *hei* está delante de una palabra, no significa que siempre sea artículo definido, por eso lo primero que debemos ver es si esa *hei* es parte de la misma raíz triconsonantal o no.
- Una *hei* delante de una palabra puede ser además un signo de interrogación, y no artículo porque en HB no existen los signos de interrogación como en español. Eso además supone un inconveniente, porque cuando es éste el caso, el hebreo no pone otra *hei* al final como para saber dónde termina dicha frase interrogativa.
- Una *hei* delante de un verbo puede corresponder a la estructura causativa del hebreo conocido como *Hifíl*, o también como *Hofál*, por lo tanto en estos casos tampoco es un artículo. Ver clase **9**.
- Al final de una palabra relacionada con ciudades, países o lugares da significado de "dirección", a-hacia.
- *Hei* con *mapík* al final de una palabra, es el posesivo de 3ª persona femenino singular. En arameo será 3ª masculino.
- Un sustantivo terminado en *hei* suele ser generalmente un sustantivo femenino.
- Hay ciertos verbos en futuro que se llaman cohortativos y su característica morfológica es que igualmente terminan en *hei*.

CLASE 7: EL ARTÍCULO

EL ARTÍCULO INDEFINIDO

El HB **no tiene** artículo indefinido (un, una, unos, unas) **escrito**, pero no por eso significa que no existe en el idioma. Aquí como en muchos otros temas relacionados con la traducción, será **el contexto** el que nos ayudará a definir si tal o cual frase puede o no llevar artículo indefinido.

Ejemplos:

Génesis 2:8[99]
*"Y el Señor Dios plantó **un** huerto en Edén"*.

Génesis 4: 3 *"Y aconteció andando el tiempo, que Caín trajo del fruto de la tierra **una** ofrenda al Señor"*.

Aquí en ambos textos el artículo indefinido no está en el texto hebreo, pero se desprende de la narración del mismo[100].

NOTA.
Una cosa interesante es que en muchas ocasiones podemos hablar del artículo definido *implícito* el cual no está escrito. Este es un conector que es necesario en una traducción para una mejor comprensión de la misma. Ej. *En **el** principio creó Dios*. Aquí el texto hebreo no lleva "literalmente" el artículo definido escrito, aunque la construcción del texto nos permite colocarlo.

---

[99] Reina Valera 1960.
[100] Sin embargo hay algunos casos en que cuando el hebreo no quiere dejar lugar a interpretaciones del texto, o a ambigüedades, suple la falta del artículo indefinidido por el numeral *ejad* o *ajat*, que es la forma en que escribe "uno" en HB.

SOPA DE LETRAS

En este ejercicio están entrecruzados los nombres en hebreo de diferentes personajes bíblicos. La **jólem** completa y la **shúrek** serán puestas como **vav** correspondiente. Las celdas marcadas como ejemplo corresponden a un nombre.

1. משה   Moisés
2. יהושע   Josué
3. יואל   Joel
4. ישראל   Israel
5. יעקב   Jacob.

6. אברהם   Abraham
7. נחמיה   Nehemías
8. ירושלם   Jerusalén
9. ישעיהו   Isaías
10. יהודה   Judá

א	ק	ו	ת	ל	ל	כ	נ	ב	ת	ר	ג	ש	ד	צ	ס	ו	ג
ד	א	ה	י	ג	נ	ת	ע	ט	מ	י	ר	ו	ש	ל	ם.	ש	ק
ו	ל	י	ט	ב	ש	י	ה	ש	ע	י	ת	נ	ה	ש	ח	ז	ו
ג	ג	ע	נ	ו	ר	ו	י	ה	ק	מ	נ	פ	ח	ד	פ	כ	ל
ר	ד	ש	ה	מ	פ	א	י	א	ב	ר	ה	ס	ת	צ	ו	א	ק
פ	ק	י	ש	ר	א	ל	ש	ש	צ	ח	ז	נ	ח	מ	י	ה	צ
ק	ו	ח	צ	ב	נ	פ	ה	נ	ו	ר	ה	ת	י	פ	ש	י	

114

CLASE 7: EL ARTÍCULO

Coffee Break
¿Por qué aprender hebreo bíblico?

Esta es una de las preguntas más recurrentes que me han hecho en relación al estudio del HB. Muchas personas suelen decirme: "Hemir, ¿y para qué sirve?, ¿cómo lo puedo usar?, ¿es realmente necesario saber HB para interpretar un texto de la Biblia?, ¿podemos confiar en las traducciones bíblicas actuales? Y cosas como esas.

Por lo tanto, lo primero que diré en respuesta, es que para entender esto, los invito a ver a la Biblia como si fuera un automóvil. A éste tú lo puedes manejar sin saber nada de motores, con suerte puedes poner la llave y echarlo a andar, algo que técnicamente está bien si compraste el auto para eso. Sin embargo en algún punto de la vida, tendrás que saber cambiar un neumático, revisar el aceite, saber que si no anda es porque; o no le echaste gasolina, o porque le falta electricidad. Y quizás cuando quedes con algún inconveniente mecánico más serio, sería bueno saber dónde está el problema para que no te cobren más de lo debido por la reparación.

Saber HB en pocas palabras **no** te hace dependiente de la mirada / interpretación de otras personas o teologías, es en resumen **conocer el motor**, saber cómo buscar y qué cosas son las importantes en un texto, sobre todo si mucha de tu labor tiene que ver con la exposición o estudio constante de textos bíblicos.

Cuando no conoces el texto bíblico en este nivel de profundidad, entonces debes confiar en que una traducción bíblica es 100% honesta, y que refleja el original *literalmente* o lo más cerca posible, lo que no siempre es así. Puedes construir enormes edificios teológicos sobre la base de un texto en tu idioma materno, sin saber si esa construcción está fundamentada sobre bases textuales confiables, o simplemente sobre bases doctrinales que reflejan "una mirada" textual, la que no es necesariamente la "única mirada".

Además de esto, tenemos que sumar algo ya expuesto en los primeros capítulos de este manual, el HB es un idioma polisémico, osea, una palabra hebrea puede tener muchos significados dependiendo de su contexto, y toda esa riqueza suele perderse en el proceso de traducción. Tanto desde lo devocional hasta lo técnico, porque una traducción siempre nos entregará "la opción más tradicional", y no toda la información que quisiéramos tener.

A continuación expondré una serie de textos con diferentes niveles de importancia, en relación al idioma original y su uso.

Nivel Devocional

Con nivel devocional quiero decir que nos referiremos a textos que tienen un alcance más pastoral, reflexivo, de esperanza y ayuda espiritual.

Génesis 4:3-4[101]

³ Pasó el tiempo, y un día Caín llevó al Señor una ofrenda del producto de su cosecha. ⁴ También Abel llevó al Señor las primeras y mejores crías de sus

---

[101] Toda las traducciones de este apartado se han tomado de la versión *Dios habla hoy*. www.biblegateway.com

ovejas. El Señor miró con agrado a Abel y a su ofrenda, ⁵pero no miró así a Caín ni a su ofrenda, por lo que Caín se enojó muchísimo y puso muy mala cara.

Este siempre ha sido un texto sobre el que se ha especulado mucho, ¿por qué Dios prefiere la ofrenda de Abel sobre la de Caín? Aquí, independiente de las diversas interpretaciones que se han dado sobre este hecho, el HB tiene una cosa muy interesante que aportar.

En el versículo 4 dice *"Abel también llevó al Señor las primeras y mejores crías de sus ovejas"*. Lo que en ningún texto en español dice, es que en hebreo, después del verbo *llevó* dice גַם־הוּא = *también él*. Frase que para los rabinos contiene la respuesta al asunto. Dios prefirió la ofrenda de Abel no porque era mejor que la de Caín, sino porque Abel además de traer su ofrenda también **se trajo a sí mismo** como presente a Dios.

Éxodo 17:12

*¹² Pero como a Moisés se le cansaban los brazos, tomaron una piedra y se la pusieron debajo, para que se sentara en ella. Luego Aarón y Hur le sostuvieron los brazos, uno de un lado y el otro del otro. De esta manera los brazos de Moisés se mantuvieron **firmes** hasta que el sol se puso.*

Aquí tenemos un trozo de la escritura, en que el contexto[102] nos dice que había una pelea entre Amalec e Israel, y que cuando Moisés tenía los brazos en alto Israel ganaba y que cuando los bajaba por el cansancio, Israel perdía, por lo que su hermano y un compañero de batalla le pusieron una piedra primero para que se siente y luego le sostuvieron los brazos para que Israel ganara de forma definitiva.

---

[102] Versículos anteriores y posteriores.

Sin embargo, el texto esconde una cosa curiosa, la palabra que marqué en negrita "**firmes**", en hebreo es אֱמוּנָה = *fe, confianza*, etc. Es la palabra de donde emana nuestro famoso "amén". ¿Pero qué tiene de extraño?

1. No es la palabra hebrea "fuerza" que uno esperaría encontrar, sino que es fe.

2. Hoy cuando el éxito se mide en "cantidades", este texto nos da un respiro, no es una "gran cantidad" de fe, ni una "fe exitosa" la que nos hace aceptos delante de Dios, es el simple aguante de cierta experiencia, es la confianza de que nuestro esfuerzo, a veces doloroso, y el que no siempre es exitoso, basta para Dios.

Aquí no vemos un Moisés levantando la vara y abriendo el mar con una música fantástica de fondo, al contrario, vemos un hombre que por sus propias fuerzas apenas puede hacer lo que Dios le ha pedido, por lo tanto no es el "músculo" el vencedor aquí, sino la confianza y el esfuerzo.

3. Y es justamente en este punto donde entra la "tercera pata de la mesa", porque es solo con la ayuda de su "comunidad", que Moisés puede salir adelante. Pero no es una comunidad que "hace el trabajo por él", es simplemente una comunidad que lo hace descansar primero y que lleva con él la carga después. No lo abandona.

Quizás desde esta perspectiva podemos entender mejor a los "pobres de espíritu"[103] del sermón del Monte, son esos los bienaventurados, no aquellos con una fe inquebrantable, sino aquellos que apenas se sostienen incluso creyendo.

---

[103] Mateo 5:3.

Nivel Teológico/Polémico

Cuando nos referimos a nivel teológico queremos decir que son textos que históricamente han sido debatidos y cuestionados por su fuerte carga doctrinal.

Isaías 7:14[104]

*¹⁴ Por tanto, el Señor mismo os dará señal: He aquí que la **virgen** concebirá, y dará a luz un hijo, y llamará su nombre Emanuel".*

Este texto por muchos años fue debatido entre cristianos y judíos, por la traducción de la palabra virgen, a continuación los puntos del debate:

1. La palabra que se traduce aquí por "virgen" es una palabra que en hebreo significa "mujer joven"[105].

2. El HB tiene una palabra específica para virgen que no es la que se usa en este texto.

3. Los cristianos al decir que esta profecía se refiere a Jesús, concatenan varios hechos, si aquí la profecía dice que el Mesías nacería de una virgen, entonces ese Mesías nacería sin pecado y sin la intervención del "hombre", por lo que la doctrina de la divinidad de Cristo queda salvaguardada.

4. A esto el judaísmo responde de manera negativa porque toda la secuencia de hechos descritos en el punto anterior, parte de una base equivocada.

5. Es decir, aquí el texto no dice virgen, además los judíos nunca en su historia creyeron que el Mesías sería de naturaleza divina[106].

---

[104] Versión Reina Valera 1960.
[105] Significa específicamente mujer en condición de casarse.

Así este debate se llevó por siglos, pero el peso de la honestidad teológica ganó terreno y hoy por hoy muchas traducciones bíblicas, de todas las corrientes cristianas traducen *mujer joven* o *doncella* cuya palabra hebrea es עַלְמָה.

Génesis 1:1

En el comienzo de todo, Dios creó el cielo y la tierra.

Este es el primer versículo de la biblia, y como tal no puede estar exento de polémica. Aquí el asunto está centrado en la palabra traducida por "Dios". En HB esta palabra es Elohím אֱלֹהִים lo que ha llevado a diferentes conclusiones sobre todo entre unitarios, testigos de Jehová, judíos, y cristianos trinitarios. A continuación los puntos del debate:

1. Cristianos trinitarios: la palabra Elohím es un plural hebreo con terminación plural masculino, esto quiere decir que aquí están presentes las tres personas de la trinidad.

2. Unitarios, TDJ y judíos. Si bien, ésta es una palabra en plural, el verbo que la acompaña está en singular por lo que no se traduce "crearon" sino "creó"[107].

3. Unitarios, TDJ y judíos. Esta palabra es un "plural de majestad", quiere decir que está en plural denotando que en Dios está la totalidad de los poderes del universo.

---

[106] Sin embargo en la biblia hay fuentes y textos relacionados con "nacimientos extraordinarios", para profundizar en este tema comparar los nacimientos y anunciaciones de Isaac y Sansón.

[107] Otras traducciones han preferido el infinitivo **crear**.

4. Cristianos. En Génesis 1:26 el texto dice "hagamos", lo que implica que obviamente Dios estaba creando con alguien, además Dios creó por medio de su palabra y en Juan 1:1 dice que Jesús era el verbo de Dios, su palabra.

5. Judíos. El *hagamos* se refiere a que Dios estaba con los "ángeles".

Resumen

Hasta aquí hemos visto cómo los textos, cuando son tomados desde el original, pueden adquirir mucha más nitidez y un aspecto relevante tanto para cuestiones devocionales/personales/pastorales, como también en el mundo teológico/polémico. La verdad es que hay muchos textos más con una riqueza enorme desde el punto de vista del HB, es más, prácticamente todo el Antiguo Testamento analizado desde el punto de vista de su idioma fuente, es tremendamente profundo, y siempre aporta lecturas que en español no tienen los mismos matices de riqueza.

NOTAS

Clase 8

. Preposiciones inseparables
. A tener en cuenta
. Materiales de apoyo para el estudio del Hebreo Bíblico
. Unión de la preposición más el artículo
. Preposición *min* y *asher*
. Preposición-conjunción *vav*
. Ejercicios
. Traducción
. Vocabulario
. Textos hebreos famosos en la historia. El Códex Aleppo
. Coffee Break. La maldición de Tutankamón

LAS PREPOSICIONES INSEPARABLES

Las preposiciones inseparables son tres partículas que al igual que el artículo definido se prefijan a la palabra que afectan[108], y por lo tanto nunca van separadas. Estas son[109]:

La vocalización normal de estas tres preposiciones es con *shevá*, sin embargo también esta semivocal puede tener cambios dependiendo de algunas situaciones especiales, por ejemplo:

1. Si la primera consonante de la palabra donde se va a colocar la preposición ya tiene un *shevá* simple, entonces el *shevá* de la preposición inseparable cambia a *jírek*.

---

[108] Cuando una de estas preposiciones están prefijadas a un verbo, indican que el mismo está en estado infinitivo (andar, comer, leer, hablar, entrar, etc.) Y usualmente la que más se usa para este efecto es la *Lámed*.

[109] Un gramático hebraísta les ha llamado a estas tres sílabas las "**preposiciones Bacalao**", porque están compuestas por **be + ke + le**. Una forma didáctica de mantenerlas en la memoria. La función y forma de estas tres preposiciones se mantienen en el arameo bíblico.

CLASE 8: LAS PREPOSICIONES

בְּרִית

Pacto, Alianza. Primera consonante con *shevá*.

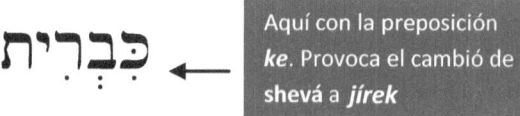

Aquí con la preposición *ke*. Provoca el cambió de *shevá* a *jírek*

2. Si la primera consonante de la palabra donde se va a colocar la preposición tiene un *shevá* compuesto (del tipo *jatéf*[110]), entonces la preposición toma la vocal corta del *shevá* compuesto.

אֱלֹהִים

Dios. Primera consonante con *jatéf segol*

Aquí con la preposición *Lámed*, la cual toma la vocal corta de la semivocal de la *alef*. *Segol*

A TENER EN CUENTA

Al igual que todas las partículas hebreas que se prefijan a la palabra que afectan, debemos en primera instancia, **tratar de identificar la raíz de toda palabra,** ya que hay palabras que tienen como primera radical una de las preposiciones estudiadas en esta clase. Lo que significa que no toda palabra que comience con una de éstas *bacalao* es una palabra que tiene preposición.

---

[110] Clase 3 sobre las vocales.

Por ejemplo **Bóquer** (mañana, comienzo de día) es una palabra que parte con la letra **bet**, pero esta letra aquí es parte de la raíz, no es preposición.

Ejemplos

 Traducción. **En Luz, Con Luz**. Preposición inseparable con **dagésh lene**.

לְנַפְשָׁם Traducción. **Para su alma** (el alma de ellos). Preposición inseparable con semivocal **shevá**.

MATERIALES DE APOYO PARA EL ESTUDIO DEL HEBREO BIBLICO

1. Lo primero. Siempre es bueno tener una Biblia Hebrea, cualquier edición, incluso es buena una Bilingüe porque así podemos ir ejercitando la materia aprendida y comparándola por ejemplo con el español. En caso de querer trabajar variantes textuales y crítica textual la BHS (Biblia Hebraica Stuttgartensia) o algunos de los tomos de la BHQ (Biblia Hebraica Quinta) es la mejor elección.
2. Lo segundo es tener un diccionario de Hebreo-Español (Bíblico). Hoy existen buenos diccionarios y económicos lo que hace nuestra tarea siempre más sencilla, además es más cómodo trabajar con papel que en el computador.
3. Tercero. Es aconsejable una o más gramáticas de HB, porque ayuda a ver cómo diferentes autores abordan el mismo tema, lo que a la larga resulta en una mejor comprensión del tema.
4. Finalmente, hoy en día es posible obtener algunos excelentes recursos informáticos y en línea, para el estudio del HB. Ejemplo de ello son los programas: The Word, Davar, Online Bible, E-sword y www.blueletterbible.org. Mientras que en software de pago Bible Works y Logos son unas de las mejores opciones.

CLASE 8: LAS PREPOSICIONES

UNIÓN DE LA PREPOSICIÓN MÁS ARTÍCULO

Otra cosa interesante, es que como en hebreo hay varias partículas que se "pegan" a las palabras que afectan (prefijos), cuando hay dos partículas que necesito adosar a una palabra ocurre un fenómeno que se llama **asimilación** (contracción). Por ejemplo, si en español escribo **EN EL DÍA**, en hebreo esas tres palabras se transforman solo en una. Por ejemplo, hasta ahora hemos aprendido que en hebreo tenemos una partícula para la conjunción **EN**, tenemos otra partícula para el artículo **EL** y tenemos finalmente la palabra **DÍA**. ¿Cómo resuelve el hebreo esto haciendo que todo quede en una sola palabra?

Ejemplo

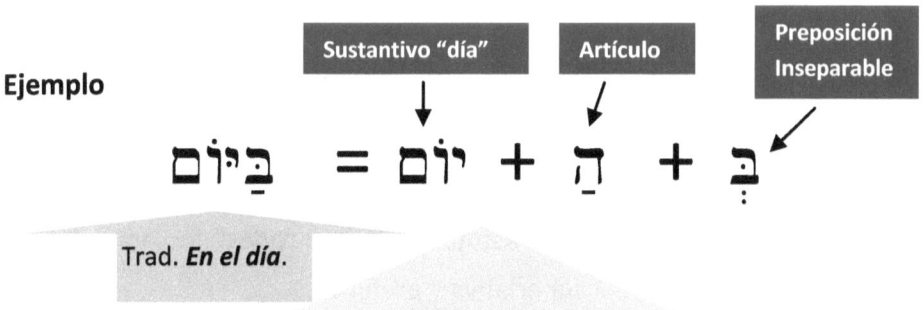

Trad. *En el día*.

Lo primero que vemos acá, es que las dos preposiciones, el artículo "el" más el prefijo "en" no quedan unidas a la palabra que afectan por separado. Lo que ocurre es que gráficamente la *hei* del artículo desaparece, y solo queda la preposición **BE**, por lo tanto la pregunta es ¿cómo sé entonces que esta palabra se debe traducir como "en el día" y no "en día" si el artículo no está?. La respuesta es que la *hei* desapareció, pero **no su vocal**, si te fijas, bien la vocal del artículo quedó como embajadora en lugar del *shevá* de la preposición. Esta simple cuestión hace que cuando veo esta palabra, sé que está con el artículo definido aunque la consonante del mismo no se vea, pero sí su vocal. Es por esto que puedo traducir la palabra como "en el día". Una cosa más es que en esta palabra si nos fijamos bien, la *yod* sigue con *dagésh forte*. ¿Por qué? Por la regla del artículo, la cual dice que cuando va prefijado a una palabra, la primera consonante de la misma toma *dagésh forte*. Esta es otra forma de darnos cuenta de que una palabra tiene artículo, aunque haya desaparecido su consonante por inclusión de una preposición inseparable.

PREPOSICIONES MIN y ASHER

Además de las tres preposiciones **bacalao** estudiadas, hay otras que aprovecharemos de conocer ahora y que son las más comunes en el HB.

מִן Esta es la preposición **min**, su significado principal es **DE** o **DESDE**. También puede aparecer como partícula individual o como prefijo. Cuando esto ocurre también observamos asimilación, la **nun** se asimila y desaparece gráficamente del escenario, quedando solo la **mem** al principio de la palabra. En otras circunstancias esta partícula se traduce como el grado comparativo-superlativo en una oración (más que, mayor que, etc.), en esa ocasión el contexto nos ayudará a determinar la correcta traducción.

מִן־הָאֲדָמָה Desde o de la tierra. Génesis 4:10 **min** independiente.

מִירוּשָׁלַםִ Desde o de Jerusalén. Partícula **min** como prefijo.

מִכֹּל Gén. 3:1 la serpiente era astuta *"más que todos"* los animales del campo. **Min** como partícula superlativa y prefijada.

אֲשֶׁר Esta partícula o conjunción, es conocida como **pronombre relativo**. Su significado abarca una gran gama de palabras, entre las que podemos mencionar: *que, porque, como, de esta forma, así, según*, etc. Usualmente en textos en prosa va separada y como partícula independiente, pero en algunos textos poéticos, como en el libro de Eclesiastés, se le puede encontrar prefijada a la palabra que afecta, cuando pasa esto la única consonante que queda es la *shin*. Característica también del hebreo tardío.

Ejemplo.

שֶׁיִּעֲמֹל ← אֲשֶׁר asimilado. Solo conserva la *shin*.

PREPOSICIÓN-CONJUNCIÓN VAV

Finalmente quiero enseñarles una de las preposiciones más usadas en el HB, es el prefijo-conjunción *vav* que se traduce usualmente como la partícula "**y**", que puede significar asimismo: de esta forma, también, así, pero, ni, etc.

Generalmente es fácil de reconocer porque primero, va al comienzo de una oración, frase o palabra, y segundo porque en HB hay pocas palabras que tengan la *vav nativa* (como primera radical), eso lo pueden revisar en cualquier diccionario de HB, lo que hace que prácticamente la mayoría de las veces que aparece esta letra al principio sea **prefijo**.

Características:

1. Nunca va independiente en la oración, osea siempre va prefijada a la palabra que afecta.
2. Tiene varias funciones además de conjunción, también se le llama por ejemplo *vav* conversiva, esto dependiendo de su vocalización y lugar dentro de oraciones verbales. De esta forma puede ser una "marca", que nos indique que un verbo que esté en imperfecto pueda ser traducido como perfecto[111], lo mismo sucede en el caso contrario[112].
3. Su vocalización habitual es con *shevá*, aunque igualmente puede tener cambios dependiendo de la consonante que venga a continuación o de la caída del acento o de su función sintáctica.

---

[111] Los escritores de HB solamente tenían conocimiento de acciones terminadas o no terminadas, ya sea en la realidad, en el deseo o imaginación del hablante, por eso hablamos de tiempo **perfecto** indicando una acción finalizada, tanto en el pasado o presente, y de verbos **imperfectos** o de acciones no terminadas más que en futuro.

[112] Los gramáticos describen estas funciones de la *vav* como: *vav* consecutivo (a) perfecto o imperfecto.

Ejemplos

וַיָּ֫קָם **Vav consecutiva imperfecta**[113] que se puede traducir como **Y** o **Entonces** *se levantó*. La vocalización que tiene es *pátaj* + el *dagésh forte* en la *yod*. Esto indica que esta *vav* está cambiando este verbo a un estado perfecto, aunque que la *yod* sea un indicativo de imperfecto.

וּבֵיתוֹ Esta forma de *vav* conjuntiva aparece delante de las consonantes conocidas como **BUMAF**, es decir que delante de *bet*, *mem* y *fe*. Cuando aparece delante de estas consonantes, la *vav* se transforma en la vocal *shúrek*[114]. Esto no tiene incidencia en la traducción, solo en la lectura, por lo tanto la traducción de esta frase sería **"y su casa"**. (El **su** es marcado por la *jólem* final)

וְיוֹסֵף Esta es la forma básica de la *vav* con *shevá* delante de un **sustantivo**. En este caso está acompañando al nombre propio José, en hebreo **Yoséf**, nombre que nace de la raíz verbal hebrea *reunir* o *juntar*. También esta **es la forma** de la *vav consoutiva perfecta* que transforma el tiempo de un verbo de perfecto a imperfecto[115].

---

[113] Prestar mucha atención a este uso de la **VAV** ya que es uno de los más comunes en los textos narrativos del hebreo bíblico. Por otro lado, este uso lo veremos en extenso en la siguiente lección relacionada con el vebo hebreo.
[114] Si bien esta es una clave mnemotécnica, es posible encontrar *shúrek* delante de otras consonantes que no se corresponden al **BUMAF**.
[115] Usualmente las vav consecutivas, perfecta/imperfecta vienen después de acentos disyuntivos, por lo que es común encontrarlas al inicio de oraciones.

CLASE 8: LAS PREPOSICIONES

Ejercicio 1
Identifica y responde lo siguiente de este versículo que es el primero del Salmo 1:

1 אַשְׁרֵי הָאִישׁ אֲשֶׁר
2 לֹא הָלַךְ בַּעֲצַת רְשָׁעִים
3 וּבְדֶרֶךְ חַטָּאִים לֹא עָמָד
4 וּבְמוֹשַׁב לֵצִים
5 לֹא יָשָׁב

L1: 3 palabras. P1[116]. El **shevá** de la primera palabra ¿es sonoro? / P2. ¿Por qué la **alef** de esta palabra no lleva **dagésh forte** si tiene artículo definido antes? / P3. ¿Cómo se llama esta preposición?

L2: 4 palabras. P1. La vocal ¿es completa o defectiva? / P2. ¿Cómo se llama la última consonante de esta palabra, por qué tiene una forma diferente? / P3. ¿Cómo se llama la vocal que está debajo de la **ayin** y qué sonido representa? / P4. La **yod** de esa palabra ¿es consonante o vocal?

L3: 4 palabras. P1. Según las reglas aprendidas, el **shevá** que está bajo la **bet**, ¿debería ser sonoro o mudo? / P2. El **dagésh** dentro de la **tet** ¿es forte o lene? / P3. ¿Cómo se llama la vocal? / P4. ¿Cómo se llaman las vocales?

L4: 2 palabras. P1. La vocal de sonido "o" ¿está completa o defectiva? / P2. ¿Cómo se llama la primera vocal?

L5: 2 palabras. P1. ¿Qué número representa la primera consonante? / P2. La segunda consonante se debe leer ¿como S o SH?

---

[116] Palabra 1, contando de derecha a izquierda.

Ejercicio 2

En relación a la materia aprendida en esta clase, identifique en el texto hebreo del ejercicio 1, lo siguiente:

a. En el párrafo hay tres preposiciones inseparables. Las tres son la misma preposición. Indique línea y palabra en que se encuentran.

___

b. Una de estas preposiciones está unida al artículo definido. ¿En qué línea y en qué palabra está?

___

c. ¿En qué línea del párrafo está el pronombre relativo?

___

d. En dos líneas del párrafo está presente la conjunción **vav**. Indique en cuáles, y por qué no están puntuadas con **shevá**.

___

TRADUCCIÓN

Y ahora seguiremos trabajando en traducción, que siempre es lo más entretenido del proceso. El texto a trabajar en esta ocasión será Éxodo capítulo 2 versículo 1, donde se relata el nacimiento de Moisés. La metodología será igual a la traducción de la clase anterior. Hasta aquí todavía les daré toda la información, pero en las clases posteriores, pondremos a prueba sus diferentes inteligencias para llevar adelante su tarea.

CLASE 8: LAS PREPOSICIONES

1 וַיֵּ֨לֶךְ אִ֔ישׁ מִבֵּ֖ית לֵוִ֑י וַיִּקַּ֖ח אֶת־בַּת־לֵוִֽי׃

2 וַתַּ֥הַר הָאִשָּׁ֖ה וַתֵּ֣לֶד בֵּ֑ן וַתֵּ֤רֶא אֹתוֹ֙ כִּי־ט֣וֹב ה֔וּא

3 וַֽתִּצְפְּנֵ֖הוּ שְׁלֹשָׁ֥ה יְרָחִֽים׃

VOCABULARIO

אִישׁ	Hombre, varón, esposo. Ø.	וַתֵּלֶד	Literalmente "**y dio a luz**". Raíz ילד.
אֶת	Símbolo del complemento directo "**a**". También "**con**". Ø.	וַתִּצְפְּנֵהוּ	Literalmente "**y lo escondió a él**". De la raíz צפן.
אֹתוֹ	La misma partícula de arriba, pero ahora con sufijo de pronombre. Literalmente "**a él**".	וַתֵּרֶא	Y ella vio. Raíz verbal ראה.
בֵּן	Hijo. Ø.	טוֹב	Bueno, hermoso, bien. Ø.
בַּת	Hija de. Ø.	יְרָחִים	Meses.

הָאִשָּׁה	Mujer. Con artículo definido.	כִּי	Que, porque, así como. Ø.
הוּא	Pronombre personal "él". En algunas ocasiones se traduce como pronombre demostrativo aquel. Ø.	לֵוִי	Leví. Nombre propio. Ø.
וַיֵּלֶךְ	Entonces fue (O y entonces fue). Raíz verbal הלך.	מִבֵּית	Literalmente, "de la casa de". Ver esta clase sobre la preposición *min*.
וַיִּקַּח	Y tomó. Raíz verbal לקח.	שְׁלֹשָׁה	Tres.
וַתַּהַר	Concibió. Raíz verbal הרה.		

TEXTOS HEBREOS FAMOSOS EN LA HISTORIA

Códex Aleppo. Su nombre proviene del lugar donde fue encontrado, una sinagoga de la ciudad de Aleppo en Siria. La particularidad de este texto es que según los investigadores, sería el mejor texto medieval heredado de la tradición masorética. Fue hecho en papiro, escrito por ambos lados, a modo de cuaderno y por la misma familia que hizo el Códex Leningradense. El manuscrito está escrito a tres columnas y con las notas de la masora. Actualmente es la Biblia oficial del Estado de Israel. Para ver el manuscrito en alta resolución ir a la siguiente página web: http://www.aleppocodex.org

CLASE 8: LAS PREPOSICIONES

Coffee Break
La maldición de Tutankamón
Apocalipsis 22:18-19

"A todos los que escuchan el mensaje profético escrito en este libro, les advierto esto: Si alguno añade algo a estas cosas, Dios le añadirá a él las calamidades que en este libro se han descrito. Y si alguno quita algo del mensaje profético escrito en este libro, Dios le quitará su parte del árbol de la vida y de la ciudad santa que en este libro se han descrito". DHH.

Sé que se ve un poco fuera de lugar el título de este coffee break, pero me pareció apropiado colocarlo a estas alturas del libro. Y les comento por qué.

Cuando uno se involucra en el maravilloso mundo de la traducción bíblica, ya sea por trabajo, vocación ministerial o simplemente por placer cultural, lo primero que consta es que al pasar de un idioma a otro, en este caso del hebreo al español, siempre se tiene que "quitar o añadir" algo al texto. Y esto no es por querer forzar algún tipo de traducción o interpretación, sino más bien por necesidades lingüísticas. Por ello, cuando las personas dicen que una traducción bíblica está "bajo maldición", porque le quitó o añadió algo al texto (usualmente porque se compara con otra traducción)[117], es simplemente porque no entienden que en un proceso de traducción, se da por sentado que esto ocurrirá.

---

[117] Por ejemplo muchas personas comparan modernas traducciones bíblicas con la RV60, un clásico en el mundo evangélico. Y asumen que como no está igual a este clásico, entonces se añadió o quitó algo del texto. Lo cual, usualmente es un error.

¿Por qué pasa esto?

1. Porque hay muchas partículas en hebreo que no se traducen al español, o por lo menos no siempre. Por ejemplo la partícula אֵת cuando va con un nombre propio después, se traduce como "a", pero cuando no es así, simplemente no se traduce. Por ejemplo, no se dice "creó Dios *a* los cielos y *a* la tierra" (Génesis 1:1).

2. El mismo artículo definido muchas veces no está "escrito" en el texto hebreo, sin embargo sí se puede poner en español. Esto pasa cuando un sustantivo ya está definido por el contexto. Por ejemplo *"vino la palabra del Señor"*. Ese "la", suele no estar en el texto hebreo, pero la oración ya está definida porque sabemos de quien es "la palabra". Por lo tanto al español podemos traducirla con artículo.

3. Esto pasa también porque, como ya lo hemos dicho al principio de este manual, el hebreo bíblico en comparación al español, *es un idioma bastante reducido*, que dice mucho con poco. Por lo tanto, dada entonces la imposibilidad de que una traducción "literal" sea entendible a nuestro idioma, se hace necesario poner ciertas partículas, clausulas, conjunciones y otros elementos propios de nuestra lengua, que nos ayuden a entender mejor el mensaje, sin necesidad de alterar el contenido.

Por lo tanto, y volviendo al texto de Apocalipsis que puse al principio de este coffee break. Las plagas y la bendición no se suman o se restan de la vida de alguien, que por cuestiones de traducción ha tenido que ajustar o aclarar en algo los textos escritos en el idioma original para un mejor uso en español. Sino más bien tiene que ver con las personas que alteran la teología y enseñanzas de Jesús para su propio beneficio, para acrecentar su patrimonio material, para ejercer poder sobre otros, u otros motivos que estén lejos del espíritu y la práctica del Sermón del Monte[118].

---

[118] Mateo 5 en adelante.

CLASE 8: LAS PREPOSICIONES

NOTAS

NOTAS

CLASE 9: EL VERBO

Clase 9

. El verbo hebreo. Introducción
. Las siete estructuras verbales más usadas en hebreo bíblico
. Verbo hebreo regular (fuerte) Paradigma perfecto
. Verbo hebreo regular (fuerte) Paradigma imperfecto
. Claves morfológicas de verbos regulares en las 7 estructuras principales del hebreo bíblico
. Tabla simplificada y dinámica del verbo hebreo
. Ejercicio de traducción y repaso de la clase
. Vocabulario

EL VERBO HEBREO. INTRODUCCIÓN

El estudio del verbo hebreo que haremos en este manual, es de carácter meramente introductorio, ya que es el material que siempre ocupa más espacio en el aprendizaje de cualquier idioma. Por lo tanto lo que busco en esta etapa es que tengas una idea general de lo que es el estudio y trabajo con el verbo hebreo.

A modo de apuntes preliminares:

1. La mayoría de los verbos hebreos, al igual que lo que ocurre en casi todos los idiomas semíticos, tienen raíces **tri-consonantales**, es decir de tres consonantes, que supone cierta ventaja. No signifca que siempre los verbos solo serán palabras de 3 consonantes. De hecho pueden llegar a 10 letras una misma palabra. Lo que quiero decir con este primer punto, es que cuando estemos trabajando con una palabra que sepamos (ya sea por su vocalización o conjugación) que es un verbo, nuestro primer y más entretenido trabajo será dilucidar su raíz trinconsonantal (que en hebreo se dice **Makor**). Teniendo eso solucionado, tendremos el 50% del trabajo de traducción de esa palabra "en el bolsillo". Por ejemplo aquí abajo pueden ver los primeros tres versículos de Habacuc. En gris marcaré las raíces triconsonantales de los verbos. En algunas palabras solo verán dos consonantes marcadas. Ya les explicaré el por qué de esto[119].

1:1 המשא אשר חזה חבקוק הנביא:
1:2 עד־אנה יהוה שועתי ולא תשמע אזעק אליך חמס ולא תושיע:
1:3 למה תראני און ועמל תביט ושד וחמס לנגדי ויהי ריב ומדון ישא:

---

[119] A este texto de Habacuc he preferido quitarle todas las vocales y *teamim*, con el fin de que se puedan apreciar mejor las raíces verbales.

CLASE 9: EL VERBO

2. Los verbos, a su vez se dividen en **regulares** o **irregulares**[120]. Los primeros son los más amigables a la hora de trabajar una traducción, ya que ser regular (o fuerte según otras gramáticas), quiere decir que su raíz nunca se ve afectada por la conjugación del mismo, osea, **siempre y en cada circunstancia** sus tres consonantes estarán presentes en el texto, no importando la cantidad de prefijos, infijos o sufijos que tenga. De ahí que son más rápidos de encontrar en un diccionario u otro material que se tenga. Caso contrario son los verbos irregulares (o débiles). Estos son más difíciles de trabajar en principio, ya que en *"algunas" ocasiones pierden o asimilan* una o hasta dos de sus consonantes. Lo que resulta un poco complejo para el estudiante primerizo, ya que igual puede encontrarse con una palabra de varias consonantes aunque muchas de ellas pueden ser apoyo a la palabra y no parte de su tema[121].

Un ejemplo de esto es lo que ocurre con el verbo Natán נתן (verbo de donde viene el mismo nombre propio). **Natán** significa literalmente "él dio" en la forma escrita más arriba en hebreo. Pero si yo quiero poner este verbo en el imperativo *"da"*, queda *Ten* תן, desapareciendo su primera *nun*.

3. La traducción del verbo siempre *depende del contexto* en el que se desarrolla, esto sobre todo en textos poéticos o proféticos. Los primeros porque son un estilo literario muy estético y rítmico, y los segundos, porque como textos proféticos tienden a poner siempre la acción en el futuro, incluso en ocasiones en que el verbo está escrito en pasado.

---

[120] Otras clasificaciones son en verbos activos, estativos, transitivos o intransitivos.
[121] Otras gramáticas llaman a la raíz triconsonantal el **Tema** y otras el **Makor**.

4. El verbo hebreo tiene siete estructuras[122] o modos verbales que dan mayor sentido al relato. Decimos **a lo menos** porque en su totalidad pueden llegar a más de veinte, aunque la mayoría de estas **otras** estructuras aparecen pocas veces en toda la Biblia. A continuación los nombres de las estructuras verbales más usadas en hebreo bíblico.

Qal- Nifál- Hifíl- Hufál- Piél- Puál- Hitpaél

Enojar en **Qal** [123](Estructura simple activa) = *Él enojó*[124]
Ej: Génesis 1:1 "en el principio *creó* Dios".
Enojar en **Nifál** (Estructura simple pasiva) = *Él fue enojado*
Ej: Génesis 44:19 "El varón en cuyo poder *fue hallada* la copa".

Enojar en **Hifíl** (Estructura causativa activa) = *Él hizo enojar*
Ej: Génesis 2:5 "El Señor Dios aún no *había hecho llover* sobre la tierra".
Enojar en **Hufál** (Estructura causativa pasiva) = *Él fue hecho enojar*
Ej: Génesis 33:11 "Acepta, te ruego, mi presente que te *he traído*".

Enojar en **Piél** (Estructura intensiva activa) = *Él enfureció*
Ej: Génesis 22:1 "Aconteció después de estas cosas, que *probó* Dios a Abraham"
Enojar en **Puál** (Estructura intensiva pasiva) = *Él fue enfurecido*
Ej: Génesis 25:10 "allí *fue sepultado* Abraham, y Sara su mujer"

Enojar en **Hitpaél** (Estructura reflexiva) = *Él se enfureció*
Ej: Génesis 6:9 "Con Dios *caminó* Noé" (o *se* encaminó)

---

[122] En hebreo se les conoce como *Binianim*, estructuras o maquetas.
[123] A esta estructura QAL también se le conoce como PAAL פָּעַל.
[124] Estos 7 ejemplos que presento aquí, son una maqueta. Las estructuras del verbo están presentes en pasado, presente, futuro, en todas las personas y números.

CLASE 9: EL VERBO

Ilustración de la dinámica de las estructuras del Verbo Hebreo

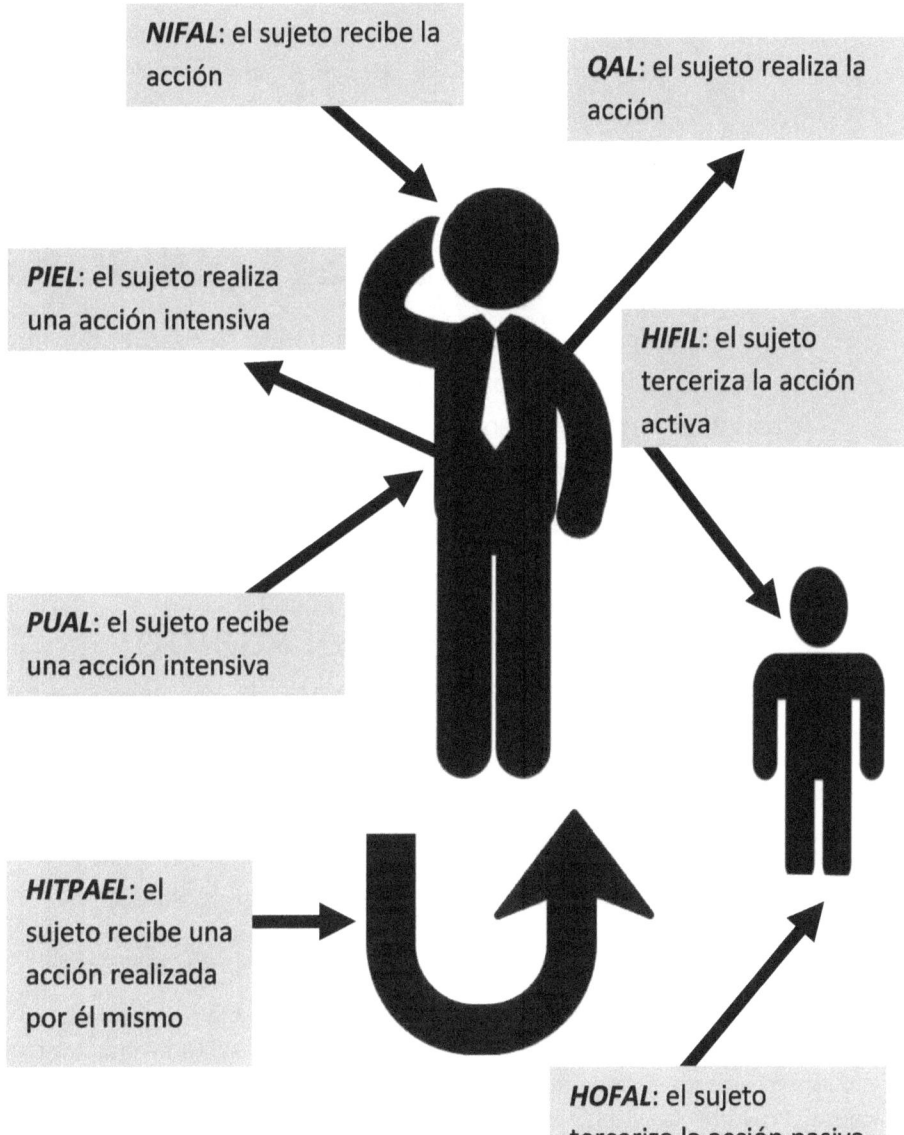

. Como podemos apreciar, las 7 estructuras vienen en **pares activo-pasivo**.
. Menos la estructura Hitpael que se le conoce como estructura reflexiva.
. Es muy importante aquí ir desde el diccionario al texto. Porque hay palabras que parecieran estar por ejemplo en Qal cuando en realidad están en Piel. Así, *Dabar* (hablar), tiene su estructura básica en Piél aunque parece Qal.

5. La forma básica del verbo hebreo, de donde se desprenden todas las demás formas verbales y conjugaciones, a diferencia del español, es la tercera persona masculino singular en perfecto **QAL** (pasado, entendido como acción terminada). El comió, saltó, jugó, etc[125]. Mientras que en español es el infinitivo, comer, saltar, jugar, etc. Y su forma es:

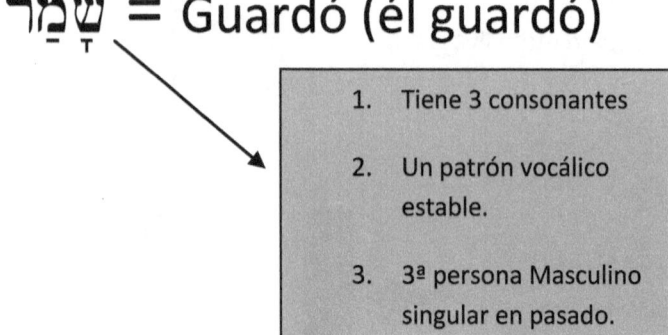

שָׁמַר = Guardó (él guardó)

1. Tiene 3 consonantes
2. Un patrón vocálico estable.
3. 3ª persona Masculino singular en pasado.

---

[125] Esto posiblemente responde a la filosofía del hebreo bíblico asentada en un pasado "determinado". No hay que olvidar que Israel nace sobre hechos concretos que plasmaron desde la antigüedad, sus propias creencias y prácticas. Para ellos no "alcanza" un verbo base en infinitivo, porque esa neutralidad no está en armonía con su propia historia, mientras que un verbo base en pasado y tercera persona masculino sí, eso dice mucho más de su evolución religiosa y teología.

CLASE 9: EL VERBO

VERBO HEBREO REGULAR (FUERTE) PARADIGMA PERFECTO

Algunas consideraciones:

1. El paradigma, como ya lo hemos dicho, comienza con la 3ª masculino singular del pasado[126], no como en español que los verbos parten con el infinitivo[127].
2. El verbo de la siguiente tabla es **regular** en cuanto a que nunca pierde una de sus consonantes en la conjugación verbal. Pero es **irregular** por el hecho de tener una gutural en su raíz.
3. Este paradigma verbal (regular-perfecto) como se puede apreciar más abajo, no tiene prefijos, solo sufijos, lo que sirve mucho para identificar los verbos en **Qal** perfectos (o acciónes terminadas). Aquí he marcado en un tono gris los sufijos para dejar más clara la raíz.
4. Como se puede apreciar, en HB la conjugación de los verbos en 2ª persona del singular es diferente para el masculino y para el femenino. No como en español en que decir "¿cómo estás?" puede ser aplicado a hombres y mujeres sin distinción.

Diferencia entre un verbo regular de uno irregular

קָטַל Este verbo es *matar*. Es regular porque ninguna de sus consonantes es gutural. Lo que implica *que todos los verbos regulares como este*, independiente de su género, número o tiempo, siempre tendrán los mismo patrones vocálicos. Por ejemplo en 3ra masculino singular en pasado se vocalizarán siempre con *qámets + pátaj = el mató*.

הָיָה Por otro lado, este es el verbo *ser/estar*. Un verbo irregular porque tiene dos guturales y *yod* como consonante media. Si se fijan, su patrón vocálico cambió con respecto al verbo *matar*. Aunque la traducción sigue siendo en 3ª masculino singular en perfecto = *el hizo*

---

[126] Esto en los diccionarios de HB como en las tablas de flexión verbal.
[127] Aunque hay gramáticos que igualmente prefieren partir de la Raíz llamada *Makór* que indica el infinitivo.

שָׁמַר 3ª MSP Él guardó[128]. 1 Reyes 11:10	שָׁמְרוּ 3ª CPP Ellos (as) guardaron. Deuteronomio 33:9
שָׁמְרָה 3ª FSP Ella guardó. Job 10:12	Sin paradigma en HB.
שָׁמַרְתָּ 2ª MSP Tú guardaste. 1 Samuel 13:13	שְׁמַרְתֶּם 2ª MPP Ustedes guardaron (M). Josué 22:2
שָׁמַרְתְּ 2ª FSP Tú guardaste. Sin registro[129]	שְׁמַרְתֶּן 2ª FPP Ustedes guardaron (F). Sin registro
שָׁמַרְתִּי 1ª CSP Yo guardé. Job 23:11	שָׁמַרְנוּ 1ª CPP Nosotros guardamos. Nehemías 1:7

M = Masculino
F = Femenino
P = Plural / Perfecto
S = Singular
I = Imperfecto
C = Común (masculino o femenino)

---

[128] 3ª = tercera persona. MSP = masculino, singular en perfecto. / FSP = femenino, singular en perfecto. / CSP = común, singular en perfecto.
[129] Sin registro quiere decir que este verbo en particular (guardar), en esta conjugación específica no aparece en el texto bíblico.

CLASE 9: EL VERBO

VERBO HEBREO REGULAR (FUERTE) PARADIGMA IMPERFECTO

Cuando nos referimos a verbos en estado imperfecto, lo hacemos en relación a aquellos verbos que representan una actividad no terminada, lo que se traduce al español por presente o futuro. Este paradigma es el imperfecto de **Qal**, y como se puede apreciar a primera vista en relación al perfecto, en el imperfecto tenemos en todas las personas un prefijo, y en algunas tenemos además sufijos.

יִשְׁמֹר	3ª MSI Él	יִשְׁמְרוּ	3ª MPI Ellos
guardará. 1 Samuel 2:9		guardarán. 1 Reyes 2:4	
תִּשְׁמֹר	3ª FSI Ella	תִּשְׁמֹרְנָה	3ª FPI Ellas
guardará. Jueces 13:14		guardarán. Sin registro	
תִּשְׁמֹר	2ª MSI Tú	תִּשְׁמְרוּ	2ª MPI Ustedes
guardarás. Éxodo 23:15		guardarán (M). Génesis 17:10	
תִּשְׁמְרִי	2ª FSI Tú	תִּשְׁמֹרְנָה	2ª FPI Ustedes
guardarás. Sin registro		guardarán (F). Sin registro	
אֶשְׁמֹר	1ª CSI Yo	נִשְׁמֹר	1ª CPI Nosotros
guardaré. Salmo 119:8		guardaremos. Deuteronomio 6:25 (En la RV60 el verbo guardar aquí aparece como "cuidaremos")	

CLAVES MORFOLÓGICAS DE VERBOS REGULARES E IRREGULARES PRESENTES EN LAS 7 ESTRUCTURAS PRINCIPALES DEL HEBREO BÍBLICO

Estas claves son pequeños "atajos" a la hora de poder definir frente a qué tipo de verbo estamos. En algunas de estas características incluiré un texto bíblico para que vean en su biblia hebrea como es y como se ve *in situ*.

1. **QAL.** En perfecto (ej. El creó) no tienen prefijos, solo sufijos (a menos que sea por ejemplo una *vav* consecutiva. Clase 8). *El Creó, Génesis 1:1.* (Todos los textos bíblicos de esta sección han sido tomados de la RV60)

2. **QAL.** El imperfecto (ej. El guarda o guardará) sí tiene prefijos además de algunos sufijos. *Guarda, 1 Samuel 2:9.*

3. **QAL.** En HB el gerundio, o acción que se está realizando en el presente (ej. Castigando) se llama en las gramáticas tradicionales **PARTICIPIO ACTIVO** y en **Qal** se caracteriza por una *jólem* puesta inmediatamente después de la primera radical y una vocal tipo "e" bajo la segunda. פֹּקֵד *poqed. Castigando, Jeremías 11:22.*

4. **QAL.** Además es importante que el estudiante sepa que existe otro participio en HB que es conocido como **PARTICIPIO PASIVO** (ej. Bendito) su secuencia vocálica incluye una **shúrek** después de la segunda radical, aunque a veces podría aparecer como *qibúts*. Ej: בָּרוּךְ Lit. *barúj. Bendito, Génesis 9:26.*

5. **QAL.** El infinitivo[130] en hebreo (ej. Bendecir) pone una *jólem*[131] después de la segunda radical. בְּרוֹךְ Lit. *barój.* Bendecir. Y cuando está en constructo pone una *lamed* delante de la raíz. Aunque tambien pueden llevar alguna de las otras dos *bacalao* ב o כ.

---

[130] El infinitivo constructo, que es la forma infinitiva que más aparece en el HB es fácil de identificar porque pone usualmente una *lamed* prefijada a la raíz.
[131] La *jólem* puede ser completa o defectiva.

CLASE 9: EL VERBO

6. **NIFAL.** En los perfectos del **Nifál** se prefija a la raíz una nun נ en todas las personas. El imperfecto se mantiene igual en cuanto a prefijos al **Qal**. נִשְׁחָתָה *Estaba corrompida*, Génesis 6:12

7. **NIFAL.** Los imperfectos mantienen los prefijos y sufijos de *Qal* pero a diferencia de este coloca un *dagésh forte* en la primera radical del tema. יִפָּרֵד *Se repartía*, Génesis 2:10.

8. **NIFAL.** En el imperativo se coloca una *hei* prefijada al tema. הִפָּרֵד *Te ruego que te apartes de mi*, Génesis 13:9.

9. **NIFAL.** El participio pasivo no existe ya que el **Nifál** es en sí mismo una estructura pasiva, y el participio activo por su parte es similar en forma a la 3ª persona masculino singular del perfecto, excepto por el cambio de la segunda vocal, ya que en el participio **Nifál** la segunda vocal es larga. וְנֶחְמָד *Y codiciable*, Génesis 3:6.

10. **NIFAL.** El infinitivo absoluto conserva la *jólem* después de la segunda radical. נִכְסֹף *porque tenías deseo*, Génesis 31:30.

---

11. **HIFIL.** En el perfecto prefija una *hei*. הִמְטִיר *no había hecho llover*, Génesis 2:5.

12. **HIFIL.** En algunas personas del perfecto y en casi todas las del imperfecto coloca una *yod* después de la segunda radical. Ver ejemplo del punto anterior.

13. **HIFIL.** En los infinitivos e imperativos prefija una *hei*. הָשֵׁב *quería venir*, Génesis 24:5.

14. **HIFIL.** El participio activo prefija una *mem* a la raíz. מַבְדִּיל *y separe las aguas de las aguas*, Génesis 1:6.

15. **HUFAL.** En todas las personas y tiempos se prefija una *hei* con *qámets jatuf*. Con ciertas raíces irregulares la primera vocal puede ser *qibúts*[132]. También prefija una *mem* en el participio. הוּחַל entonces comenzaron, Génesis 4:26. הָרְאֵיתָ (Ejemplo con *kamets jatuf*) fue mostrado, Éxodo 26:30.

16. **PIEL.** Es la primera de las estructuras intensivas, se distinguen por la presencia de un *dagésh forte* en la radical media. דָּבַּר lo mismo que las estructuras **Puál** e **Hitpaél**. דִּבֶּר dijo, Génesis 12:4.

17. **PIEL.** El participio activo se reconoce fácilmente porque prefija una *mem* antes de la primera radical. Los mismo en las demás estructuras verbales, menos en *Qal* y *Nifál*. מְרַחֶפֶת se movía sobre la faz de las aguas, Génesis 1:2.

18. **PIEL.** En el perfecto tiene como primera vocal la *jírek*. Ver ejemplo del punto 16.

---

[132] Moisés Chávez en su Gramática *Hebreo Bíblico Texto programado Tomo I*, habla de la estructura *Hufál* también, aunque en gramáticas se suele hablar de la estructura *Hofal*. Esto obedece al cambio de sonido en la primera vocal de esta estructura.

CLASE 9: EL VERBO

19. **PUAL**. En el perfecto tiene como primera vocal la *qibuts*. קֻבַּר *sepultado, Génesis 25:10*.
20. **PUAL**. El participio se reconoce fácilmente porque prefija una *mem* al antes de la primera radical. מְבֻשָּׁל *cocida en agua (se estaba cociendo), Éxodo 12.9*.
21. **PUAL**. Igual tiene *dagésh forte* en la segunda radical. Ver ejemplos anteriores, puntos 19 y 20.

22. **HITPAEL**. En los perfectos prefija la partícula *hei + tav*, en los imperfectos además del prefijo propio de este tiempo coloca una *tav* delante de la primera radical. הִתְהַלֶּךְ *caminó, Génesis 6:9*.
23. **HITPAEL**. El participio también coloca una *mem* delante de la palabra que afecta. מִתְהַלֵּךְ *paseaba (paseándose), Génesis 3:8*.

TABLA SIMPLIFICADA Y DINÁMICA DEL VERBO HEBREO[133]

	SIMPLE		INTENSIVO		CAUSATIVO	
ACTIVO	(Qal) קַל	קָטַל	(Piel) פָּעֵל	קִטֵּל	(Hiphil) הִפְעִיל	הִקְטִיל הִ
	él mató		él mató brutalmente		él obligó a matar	
PASIVO	(Niphal) נִפְעַל	נִקְטַל	(Pual) פֻּעַל	קֻטַּל	(Hophal) הָפְעַל	הָקְטַל הָ
	él fue matado		él fue matado brutalmente		él fue obligado a matar	
REFLEXIVO			(Hithpael) הִתְפַּעֵל	הִתְקַטֵּל הִ		
			él se mató			

---

[133] Agradezco a mi amigo Luis Monge por proporcionarme su tabla simplificada del verbo hebreo, la que nos permite de una sola mirada entender mejor la dinámica interna de esta parte de la gramática.

CLASE 9: EL VERBO

Pasos para poder hacer una traducción del verbo hebreo
1 Reyes 1:1-4

1:1 וְהַמֶּ֤לֶךְ דָּוִד֙ זָקֵ֔ן בָּ֖א בַּיָּמִ֑ים וַיְכַסֻּ֨הוּ֙ בַּבְּגָדִ֔ים וְלֹ֥א יִחַ֖ם לֽוֹ׃ 1:2 וַיֹּ֧אמְרוּ ל֣וֹ עֲבָדָ֗יו יְבַקְשׁ֞וּ לַאדֹנִ֤י הַמֶּ֨לֶךְ֙ נַעֲרָ֣ה בְתוּלָ֔ה וְעָֽמְדָה֙ לִפְנֵ֣י הַמֶּ֔לֶךְ וּתְהִי־ל֖וֹ סֹכֶ֑נֶת וְשָׁכְבָ֣ה בְחֵיקֶ֔ךָ וְחַ֖ם לַאדֹנִ֥י הַמֶּֽלֶךְ׃ 1:3 וַיְבַקְשׁוּ֙ נַעֲרָ֣ה יָפָ֔ה בְּכֹ֖ל גְּב֣וּל יִשְׂרָאֵ֑ל וַֽיִּמְצְא֗וּ אֶת־אֲבִישַׁג֙ הַשּׁוּנַמִּ֔ית 1:4 וְהַֽנַּעֲרָ֖ה יָפָ֣ה עַד־מְאֹ֑ד וַתְּהִ֨י לַמֶּ֤לֶךְ סֹכֶ֨נֶת֙ וַתְּשָׁ֣רְתֵ֔הוּ וְהַמֶּ֖לֶךְ לֹ֥א יְדָעָֽהּ׃

Paso 1: Identificar la raíz.
En este caso es אמר

Paso 2: Identificar Prefijos, sufijos o infijos. Aquí

וי

Para la **vav** ver clase 8
La **yod**, ésta clase.
Verbos Imperfectos

וַיֹּאמְרוּ

Paso 3: Identificar sufijos. Aquí

וּ

Shúrek
Ver esta clase tabla perfecto o imperfecto

Paso 4: Realizar la traducción en consonancia con el contexto general. Tanto el inmediato o cercano (palabras y frases anteriores y posteriores), como el lejano (capítulo en general).

Notas sobre los verbos irregulares.

. Un verbo es irregular cuando tiene una **Gutural** (הֶחְעַרא), una **Nun** al principio, o **Yod** y **Vav** al principio o en medio de la palabra.

. Sin embargo existen verbos irregulares que en muchas conjugaciones se comportan como si fueran verbos regulares. Esto es porque si bien, tienen guturales en su raíz, son guturales que nunca se asimilan o "desaparecen", por ejemplo la *ayin*, *resh* o *jet*.

Letras hebreas que gustan de desaparecer "en acción".

ה Al principio o al final de una palabra

נ Al principio de una palabra

י y ו Al principio o en medio de una palabra. También les gusta cambiar de posición una por la otra.

Vav Consecutiva Imperfecta

Es una *Vav* que se pone delante de muchos verbos en los textos narrativos de la Biblia. Y su función es cambiar el tiempo verbal de dicho verbo, pasándolo de imperfecto a perfecto. Usualmente se encuentra al principio del versículo o después de un acento disyuntivo mayor. Suele acompañarse de vocal *pátaj*.

Vav Consecutiva Perfecta

Es una Vav que usualmente tiene vocal *shevá* y realiza la función contraria de la VCI, es decir pone verbos en perfecto en condición de imperfectos.

Ejercicio de traducción y repaso de la clase. 1 Reyes 1:2-3

La idea es responder las preguntas que aparecen en algunos recuadros al tiempo que traducimos. En el texto hebreo marcaré las raíces verbales con una tonalidad más clara[134]. Las líneas 1 al 4 corresponden al versículo 2, y las que van del 5 al 7 corresponden al 3.

---

[134] Las raíces marcadas lo están solo en función de sus consonantes.

CLASE 9: EL VERBO

1 וַיֹּאמְרוּ לוֹ עֲבָדָיו
2 יְבַקְשׁוּ לַאדֹנִי הַמֶּלֶךְ נַעֲרָה בְתוּלָה
3 וְעָמְדָה לִפְנֵי הַמֶּלֶךְ
4 וּתְהִי־לוֹ סֹכֶנֶת וְשָׁכְבָה בְחֵיקֶךָ וְחַם לַאדֹנִי הַמֶּלֶךְ:
5 וַיְבַקְשׁוּ נַעֲרָה יָפָה בְּכֹל גְּבוּל יִשְׂרָאֵל
6 וַיִּמְצְאוּ אֶת־אֲבִישַׁג הַשּׁוּנַמִּית
7 וַיָּבִאוּ אֹתָהּ לַמֶּלֶךְ:

VOCABULARIO GRAMATICAL Y DE REPASO

עֲבָדָיו Sus siervos. Para el sufijo de plural ver clase 11.	לוֹ A él. Preposición inseparable (clase 8) + sufijo pronominal (clase 11)	וַיֹּאמְרוּ Qal. Y dijeron. Vav consecutiva imperfecta (ver esta clase). Para prefijo *yod* y sufijo *shúrek* ver esta clase. אמר
הַמֶּלֶךְ el Rey. Sustantivo + artículo definido (clase 7).	לַאדֹנִי para mi Señor. Preposición inseparable, ¿con o sin artículo definido? (clase 8). Y para sufijo ver clase 11.	יְבַקְשׁוּ PIEL. Busquen. Ver tabla en esta clase del imperfecto para prefijo y sufijo. Raíz בקש

וְעָמְדָה Qal. **Para que esté**. Vav consecutiva perfecta (ver esta clase). Para el sufijo ver tabla del verbo regular de esta clase. Raíz עמד	בְּתוּלָה **Virgen** Ø.	נַעֲרָה **una joven** Ø. ¿Dónde está escrito el artículo indefinido "una"?
וּתְהִי־לוֹ Qal. **Y venga a estar con él**. Por prefijo ver la clase 8 "vav conjuntiva". Por prefijo ver tabla verbos imperfectos. Raíz היה	הַמֶּלֶךְ **el Rey**. Para artículo ver la clase 7.	לִפְנֵי **delante de** Ø. Este es un vocablo hebreo que está compuesto por 3 partículas. Aunque en los diccionarios suele aparecer así.
בְּחֵיקֶךָ **a su lado** *(en su regazo)*. Preposición inseparable (clase 8) + sustantivo + sufijo de segunda persona masculino singular (se debería traducir a tu lado) Para el sufijo ver clase 11.	וְשָׁכְבָה Qal. **y acostarse** *(se acueste)*. Vav consecutiva perfecta (ver esta clase) Raíz שכב	סֹכֶנֶת Qal. **Para abrigarle**. Es un verbo en participio. ¿Qué indicador podemos ver de esto? (en esta clase ver claves morfológicas) Raíz סכן
הַמֶּלֶךְ **el Rey**. Artículo definido + sustantivo. Para el artículo ver clase 7.	לַאדֹנִי **mi señor**. Por sufijo verbal ver clase 11.	וְחַם Qal. **Y entrará en calor**. Vav consecutiva perfecta. Verbo irregular. חמם

CLASE 9: EL VERBO

יָפָה hermosa Ø.	נַעֲרָה una joven HB (no olvidar que este símbolo "HB" aparece cuando dicha palabra ya apareció en este manual)	וַיְבַקְשׁוּ Piel. Y buscaron. Vav consecutiva imperfecta + prefijo y sufijo del verbo en imperfecto. Raíz בקש
יִשְׂרָאֵל (de) Israel Ø.	גְּבוּל (el) territorio Ø.	בְּכֹל en todo. Preposición inseparable + particula כֹל
הַשּׁוּנַמִּית la Sulamita. Artículo definido + nombre propio Shulamit.	אֶת־אֲבִישַׁג a-Abisag Ø (ambas palabras aparecen en esta forma en el diccionario).	וַיִּמְצְאוּ Qal. Y encontraron. Raíz מצא
לַמֶּלֶךְ al Rey. Preposición inseparable + artículo asimilado + sustantivo.	אֹתָהּ a ella. Partícula אֵת + sufijo pronominal de tercera femenino (ver clase 11)	וַיָּבִאוּ Qal. Y trajeron. Vav consecutiva imperfecta. Raíz בוא

NOTAS

CLASE 9: EL VERBO

NOTAS

NOTAS

Clase 10

- Los sustantivos en HB
- Los adjetivos en HB
- Los plurales en HB
- Plural constructo
- Ejercicio
- Traducción
- Vocabulario
- Coffee Break. Uso del diccionario de hebreo bíblico

LOS SUSTANTIVOS EN HB

1) Los sustantivos masculinos en HB no tienen una forma especial. Pueden tener dos o tres consonantes (es lo más común), aunque también están aquellos de cuatro consonantes que en muchos casos comienzan con la letra **mem** debido a su procedencia de verbos participios.

2) Los sustantivos femeninos por su parte usualmente tienen **hei** o **tav** final, por lo que son más fáciles de reconocer que los masculinos.

3) Finalmente tenemos los sustantivos irregulares que tienen por ejemplo forma masculina en singular y cuando se pluralizan toman la desinencia femenina.

Por ejemplo:

ab (padre) cuando se pluraliza se transforma en **abot**.

4) Los más fáciles de reconocer son aquellos que tienen tres consonantes y dos vocales **segól**[135].

5) Los sustantivos que terminan en **hei** (en su mayoría femeninos) cuando están en constructo[136], la **hei** se transforma en **tav**.

---

[135] Estos sustantivos de tres consonantes y dos vocales cortas. En estados más antiguos del idioma eran monosílabos. Conocidos también como **segolados**.
[136] Clase 13.

CLASE 10: SUSTANTIVOS Y PLURALES

LOS ADJETIVOS EN HB

Los adjetivos en HB concuerdan en género y número con el sustantivo que definen. Se dividen en adjetivos atributivos y predicativos. Los primeros definen al sustantivo que afectan y los segundos al sujeto.

LOS PLURALES EN HEBREO

En HB podemos diferenciar tres tipos de plurales: el **masculino**, el **femenino** y uno que es **dual**, aplicado principalmente a las partes del cuerpo que vienen de a dos, o para indicar alguna dualidad de relación[137].

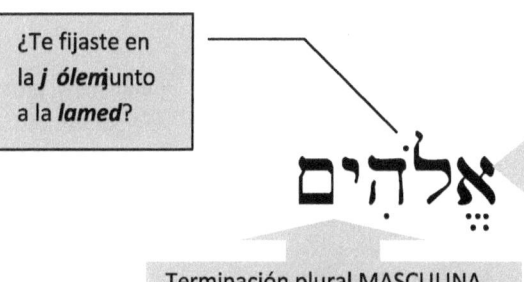

¿Te fijaste en la *j ólem* junto a la *lamed*?

Elohím. Primera designación de Dios que aparece en la Biblia. El plural de esta palabra está indicado por la *jírek-yod – mem final*.

Terminación plural MASCULINA *jírek-yod-mem* final.

ELOHÍM.
Es importante notar algunas cosas relacionadas con esta palabra que he escogido para representar el plural masculino.

1. Dependiendo del contexto se debe traducir por Dios o Dioses, o ángeles como aparece en el Salmo 8:5 en la RV 60 o también, jueces.

2. En el judaísmo esta palabra cuando es referida a Dios siempre se ha traducido como singular, indicando que la pluralidad no quiere decir varios dioses, sino varios poderes asociados a esta sola divinidad.

---

[137] Por ejemplo cuando queremos decir "dos hombres".

EJEMPLOS

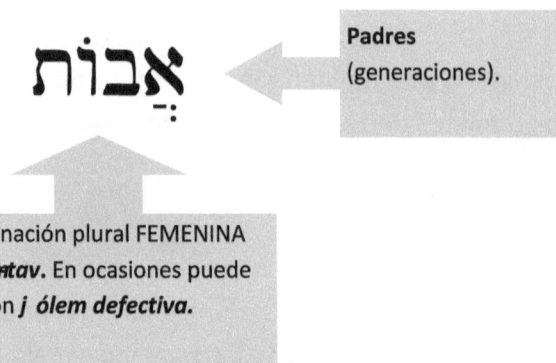

אֲבוֹת

Padres (generaciones).

Terminación plural FEMENINA *j ólemtav*. En ocasiones puede ser con *j ólem defectiva*.

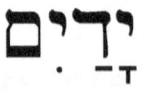

יָדַיִם

Yadáyim. Manos, del singular del Yad = mano.

Terminación plural DUAL *pátaj-yod-jírek-mem final*. Cuidado con no confundir con el plural masculino. En aquel la *yod* es vocal, aquí es consonante.

PLURAL CONSTRUCTO

El HB además de tener las formas de los diferentes plurales que hemos visto, masculino, femenino y dual, tiene una morfología diferente relacionada con el **plural masculino**, se llama **plural constructo**[138]. Y para conocerlo daremos algunos ejemplos:

---

[138] Para conocer en detalle los usos y características de las palabras en constructo ver la Clase 13 de este manual.

CLASE 10: SUSTANTIVOS Y PLURALES

1. Hemos dicho que el HB es un idioma que gusta de decir mucho con pocas palabras, una confirmación de eso son justamente las frases constructas[139] o palabras en estado constructo. Estas son palabras que han sido "acortadas" de alguna forma, ya sea en su vocalización normal o en la **extensión** de sus consonantes[140]. Ej.

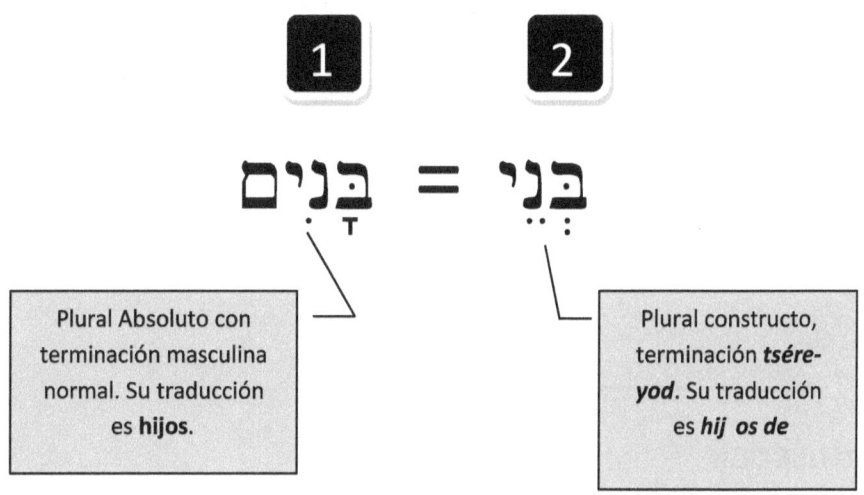

| Plural Absoluto con terminación masculina normal. Su traducción es **hijos**. | Plural constructo, terminación **tsére-yod**. Su traducción es **hij os de** |

2. El estado constructo nos ayuda a entender el significado de dos palabras unidas en "sentido" sin necesidad por ejemplo de tener escrito gráficamente el "de" (genitivo). Ej. **El perro "de" el Rey**, en HB y estado constructo se escribiría, **el perro () el rey**.[141]

---

[139] Conocidas en diferentes gramáticas como **cadenas constructas.**
[140] Sin embargo existe una cantidad de sustantivos llamados "segolados" que la mayoría de las veces cuando están en constructo no sufren ningún cambio ni en sus vocales ni en la extensión de sus consonantes. En esos casos es la acentuación masorética la que nos puede ayudar a definir si está en cadena constructa o no.
[141] Clase 13 El Estado Constructo.

Ejercicio

Identifica los plurales masculinos, femeninos, duales y constructos en los diferentes textos que aparecen aquí.

חַטָּאִים _____

לְעֵינַיִם _____

רוֹזְנִים _____

אֲבוֹת _____

יְמֵי _____

TRADUCCIÓN

A continuación (pág. Siguiente) trabajaremos el texto de 1 Samuel 3:1-4, y como puedes ver, ya es una texto más extenso y como vamos en la lección 10 la idea es comenzar a poner en práctica aquellas cosas que hemos aprendido hasta aquí. Las raíces de las palabras, ya sean sustantivos o verbos y que estén prefijadas o sufijadas las marcaré con un tono más claro (el énfasis sigue estando aquí en las consonantes). Y separaré versículo a versículo.

CLASE 10: SUSTANTIVOS Y PLURALES

1 וְהַנַּעַר שְׁמוּאֵל מְשָׁרֵת אֶת־יְהוָה לִפְנֵי עֵלִי

וּדְבַר־יְהוָה הָיָה יָקָר בַּיָּמִים הָהֵם אֵין חָזוֹן נִפְרָץ׃

VOCABULARIO

אֵין **No hay**, no había, no existe. Es una de las formas de negación en HB. ∅.	יְהוָה **Nombre de Dios.** Según la tradición puede ser: **Jehová, Yavé, Adonai,** o **Señor.** Es el Tetragrama. ∅
אֶת **Símbolo del Complemento directo "a".** ∅.	יָקָר **Escasa,** rara, preciosa. ∅.
בַּיָּמִים **Preposición inseparable + artículo definido + la palabra día + plural masculino absoluto.** Traducir.	לִפְנֵי **Delante de.**
הָהֵם **Artículo definido + pronombre demostrativo "ellos, aquellos".** Traducir.	מְשָׁרֵת Verbo **servir.** Aquí en participio de PIÉL. ¿Qué letra me indica que es efectivamente un participio? שרת.

הָיָה Verbo **ser y estar** en hebreo. Irregular ¿por qué? Qal 3ª Masculino singular en perfecto. Ø.	נִפְרָץ **Frecuentemente**. ¿Cuál de las 7 estructuras del verbo hebreo estudiadas prefija una **nun** delante de la raíz? Ver clase 9. פרץ.
וּדְבַר Conjunción **vav** + sustantivo **palabra**. דבר.	עֵלִי Nombre propio **Elí**. Ø.
וְהַנַּעַר Conjunción **vav** + artículo definido + sustantivo **joven**. ¿Qué **dagésh** es el de la **nun**?	שְׁמוּאֵל Nombre propio **Samuel**. Ø.
חָזוֹן **Visión**. Ø.	

2 וַיְהִי בַּיּוֹם הַהוּא וְעֵלִי שֹׁכֵב בִּמְקֹמוֹ

וְעֵינָיו הֵחֵלּוּ כֵהוֹת לֹא יוּכַל לִרְאוֹת׃

CLASE 10: SUSTANTIVOS Y PLURALES

בְּיוֹם En el día. Preposición + artículo + sustantivo.	**וַיְהִי** Verbo **ser y estar** + *vav* conversiva o consecutiva imperfecta. Y aconteció, sucedió, ocurrió. היה.	**כַּהוֹת** Oscurecerse. Ø.
בִּמְקֹמוֹ En su **aposento**, o lugar. Preposición inseparable + sustantivo + sufijo "o" de tercera persona masculino singular.	**וְעֵינָיו** Conjunción *vav* + sustantivo **ojo** + indicador de plural constructo + *vav* indicadora de 3ª persona masculino singular. Y sus ojos.	**לֹא** Una de las tres negaciones en HB, y la más común. **No.** Ø.
הַהוּא Artículo definido + pronombre personal **él**, aquí como pronombre demostrativo **aquél**.	**וְעֵלִי** Conjunción *vav* + nombre propio **Elí**.	**לִרְאוֹת** Verbo irregular de raíz ראה. Aquí en infinitivo. **Ver/mirar**.
הֵחֵלּוּ Verbo **comenzar**. irregular de raíz חלל. Aquí en HIFÍL (¿por qué?) + sufijo pronominal de 3ª persona plural.	**יוּכַל** Verbo de raíz יכל Literalmente **podía**.	**שֹׁכֵב** Literalmente **se estaba acostando**. Participio en *Qal*. ¿Cómo podemos saberlo? Ø.

3 וְנֵ֣ר אֱלֹהִים֮ טֶ֣רֶם יִכְבֶּ֒ה וּשְׁמוּאֵ֣ל שֹׁכֵ֔ב

בְּהֵיכַ֣ל יְהוָ֔ה אֲשֶׁר־שָׁ֖ם אֲר֥וֹן אֱלֹהִֽים׃

אֱלֹהִים Dios. ∅.	וְנֵר Conjunción *vav* + sustantivo **Lámpara de**.	יִכְבֶּה RV. Ser apagada. כבה.
אֲרוֹן Arca. ∅.	וּשְׁמוּאֵל Conjunción *vav*+ nombre propio. ¿Cuál?	שֹׁכֵב **Se estaba acostando**. Participio en Qal. ∅.
אֲשֶׁר Pronombre Relativo, que, el cual, según, etc. ∅.	טֶרֶם Antes que, al comienzo, antes de. ∅.	שָׁם Allí, allá. ∅.
בְּהֵיכַל Preposición + sustantivo **Palacio**, templo.	יְהוָה Nombre de **Dios**. ∅.	

CLASE 10: SUSTANTIVOS Y PLURALES

4 וַיִּקְרָ֨א יְהוָ֤ה אֶל־שְׁמוּאֵל֙ וַיֹּ֣אמֶר הִנֵּֽנִי׃

אֶל A, hacia. Ø.	וַיִּקְרָא Y llamó. Conjunción *vav*, aquí *vav* consecutiva imperfecta + indicador de tercera persona singular imperfecta (*yod*) De la raíz קרא.	יְהוָה Nombre de Dios. Ø.
וַיֹּאמֶר Y dijo. Conjunción *vav*, aquí *vav* consecutiva imperfecta + indicador de tercera persona singular imperfecta (*yod*) De la raíz אמר.	הִנֵּנִי Heme aquí.	שְׁמוּאֵל Nombre propio. Ø.

Coffee Break
Uso del Diccionario de HB

Si bien una Biblia Hebrea se debe abrir de derecha a izquierda porque es un idioma que se lee en tal dirección, un diccionario de HB usualmente se abre de izquierda a derecha[142], como cualquier diccionario que podamos usar en castellano. El uso es bastante sencillo aunque hay que conocer ciertos **tips** relacionados con esto:

1. Como cualquier diccionario el de HB parte desde la *alef* siguiendo por la *bet* y sumando las letras en la medida que vayamos buscando una palabra.

2. En estos diccionarios suelen aparecer las palabras absolutas, no constructas. Aunque existen ciertos casos, donde hay diccionarios en donde aparecen todas las formas de las palabras. Ejemplo de ello son el diccionario de Hebreo Bíblico del español Luis Alonso Shökel, o el diccionario de Hebreo Bíblico del chileno Jerónimo Walker Cruchaga.

3. En un diccionario de HB no aparecen los verbos "conjugados", solo aparecen en su estado esencial, esto suele ser generalmente en **Qal** cuando lo tienen, u otra estructura cuando **Qal** no sea la básica. Además en algunos diccionarios a veces aparece solo la raíz triconsonantal sin vocales porque se asume que el alumno conoce la vocalización correspondiente. En resumen, esto quiere decir que no aparecen los verbos ni con prefijos, infijos o sufijos.

---

[142] Siempre y cuando no sea un diccionario Israelí el cual tendrá la dirección de lecto-escritura que hay en Israel, de derecha a izquierda.

CLASE 10: SUSTANTIVOS Y PLURALES

4. La diferencia entre un diccionario de HB y otro radica principalmente en la cantidad de información que el autor decide entregar por palabra, similar a lo que ocurre con las diferentes gramáticas de HB que hay. Por esto podemos tener diccionarios bien básicos que solo entregan los significados más generales de ciertas palabras, hasta aquellos que incluso hacen el seguimiento de la misma hasta su relación con otras lenguas semíticas[143].

Imagen. Fohrer, Georg. Editor, *Diccionario del Hebreo y Arameo Bíblicos*. Edición en castellano producida en colaboración con el Instituto Superior Evangélico de Estudios Teológicos, Traducido por René Kruger.

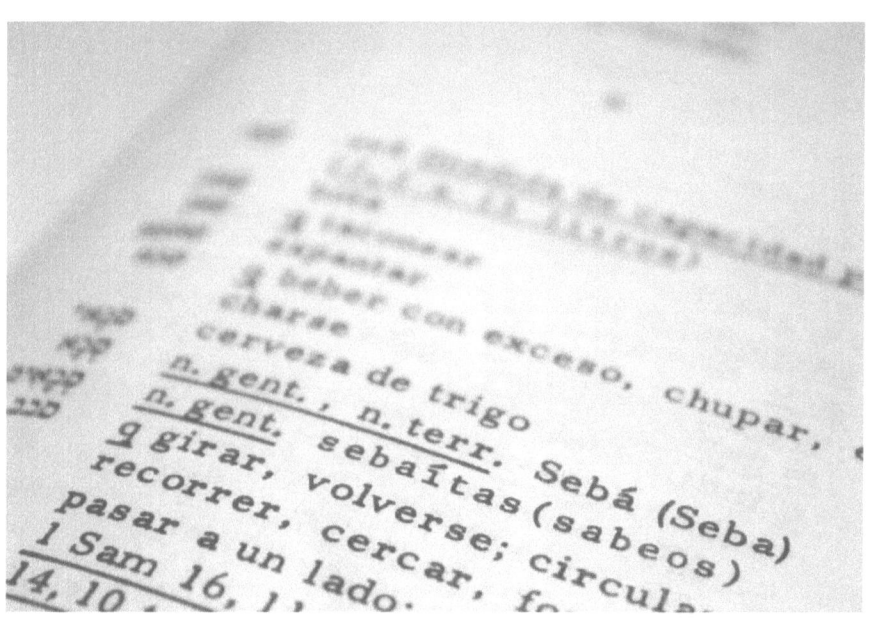

---

[143] Diccionario Teológico Manual del Antiguo Testamento E. Jenni / C. Westermann. Ediciones Cristiandad.

NOTAS

Clase 11

. Sufijos Pronominales (sustantivos) masculinos. Singular
. Sufijos Pronominales (sustantivos) femeninos. Singular
. Sufijos Pronominales (sustantivos) masculinos. Plural
. Sufijos Pronominales (sustantivos) femeninos. Plural
. Traducción
. Claves de Traducción

SUFIJOS PRONOMINALES MASCULINOS. SINGULAR

Los sufijos pronominales son partículas que se "pegan" al final de la palabra que afectan[144], y como varias partículas que ya hemos visto, no se usan de manera separada. En este ejemplo usaremos el sustantivo סוּס que significa caballo. En el siguiente cuadro podemos comparar los sufijos usados para cada persona gramatical y así comenzar a estudiar sus efectos. Paulatinamente al aprenderlas las podremos descubrir fácilmente en el texto bíblico. Una cosa importante es notar aquí que el **sustantivo está en singular**.

סוּסִי	Mi caballo. 1a persona.
סוּסְךָ	Tu caballo. 2a persona masculino singular.
סוּסֵךְ	Tu caballo. 2a persona femenino singular.
סוּסוֹ	Su caballo (de él). 3a persona masculino singular.
סוּסָה	Su caballo (de ella). 3a persona femenino singular.
סוּסֵנוּ	Nuestro caballo. 1a persona común plural.
סוּסְכֶם	Vuestro (su) caballo. 2a persona masculino plural.
סוּסְכֶן	Vuestro (su) caballo. 2a persona femenino plural.
סוּסָם	El caballo de ellos. 3a persona masculino plural.
סוּסָן	El caballo de ellas. 3a persona FP.

---

[144] Este hecho indica que cada sustantivo con sufijo pronominal está en estado constructo.

CLASE 11: SUFIJOS PRONOMINALES

NOTAS

1. Es importante notar los cambios de vocalización, que se van sucediendo al agregar los diferentes sufijos al sustantivo.
2. En la 3ª femenino singular, note que la *hei* tiene un punto interior, ese punto NO es un *dagésh*, sino que es un *mapíq*. Hace que la *hei* suene como *jota*[145].
3. Otra cosa importante a saber es que en HB también existen los sustantivos irregulares al igual que en el verbo. Estos son estructuras que en la flexión pueden perder una de sus consonantes, o que por ejemplo son masculinos en singular pero adoptan un sufijo femenino en el plural.

SUFIJOS PRONOMINALES FEMENINO. SINGULAR

Aquí debemos recordar algo que pusimos en la clase anterior (lección 10), la mayoría[146] de los sustantivos femeninos en HB terminan en *hei* ה, por lo que cuando deben llevar un sufijo de pronombre (posesivo), esta *hei* se transforma en *tav* ת, y así se le puede colocar el sufijo correspondiente, estos sufijos pronominales son los mismos que los usados con los sustantivos masculinos.

La palabra que usaremos para ejemplo de un sustantivo femenino singular, con sufijos pronominales será תּוֹרָה Ley

---

[145] Punto 6 de la Clase 6 sobre el *dagésh*.
[146] Hemos dicho "la mayoría" porque ya habíamos indicado que en HB existen sustantivos irregulares, en este caso hay sustantivos irregulares masculinos pero con terminación femenina.

תּוֹרָתִי	Mi ley. 1a persona.
תּוֹרָתְךָ	Tu ley. 2a persona masculino singular.
תּוֹרָתֵךְ	Tu ley. 2a persona femenino singular.
תּוֹרָתוֹ	Su ley (de él). 3a persona masculino singular.
תּוֹרָתָהּ	Su ley (de ella). 3a persona femenino singular.
תּוֹרָתֵנוּ	Nuestra ley. 1a persona común plural.
תּוֹרַתְכֶם	Vuestra (su) ley. 2a persona masculino plural.
תּוֹרַתְכֶן	Vuestra (su) ley. 2a persona femenino plural.
תּוֹרָתָם	La ley de ellos. 3a persona masculino plural.
תּוֹרָתָן	La ley de ellas. 3a persona FP.

SUFIJOS PRONOMINALES (sustantivos) MASCULINOS. PLURAL

Hasta ahora hemos aprendido que los sufijos pronominales se adhieren a la palabra que están afectando, y que para los masculinos y femeninos son las mismas formas, aunque en el femenino hay un cambio consonantal (*hei* por *tav*). Para dar soporte a los sustantivos que terminan en *hei*.

CLASE 11: SUFIJOS PRONOMINALES

En cuanto a los sufijos del plural (si en vez de "mi caballo", o "mi ley", queremos decir "mis caballos" o "mis leyes"), la mayoría de los sufijos se mantienen igual a la forma de los sufijos del singular, aunque con un pequeño cambio en la palabra que afectan, es decir antes del sufijo va una **yod** י, con excepción de la primera persona singular que en este caso pasa de:

סוּסִי mi caballo   a ⟶   סוּסַי mis caballos

¿Notas el cambio de la vocal en el singular y plural?

El resto de las formas adoptan el siguiente patrón.

Las formas de los sufijos varían solo en algunos casos.

Esa **yod** puesta antes del sufijo y al final del sustantivo nos indica que éste es plural y no singular.

סוּסַי	Mis caballos.
סוּסֶיךָ	Tus caballos. Caballos de ti (masculino).
סוּסַיִךְ	Tus caballos. Caballos de ti (femenino).
סוּסָיו	Sus caballos. Caballos de él.
סוּסֶיהָ	Sus caballos. Caballos de ella.
סוּסֵינוּ	Nuestros caballos.
סוּסֵיכֶם	Vuestros caballos. Caballos de vosotros, de ustedes (masculino).
סוּסֵיכֶן	Vuestros caballos. Caballos de vosotras, de ustedes (femenino).
סוּסֵיהֶם	Caballos de ellos.
סוּסֵיהֶן	Caballos de ellas.

SUFIJOS PRONOMINALES (sustantivos) FEMENINOS. PLURAL

En los sustantivos plurales femeninos los sufijos son los mismos que venimos tratando desde el principio, con excepción de la primera persona:

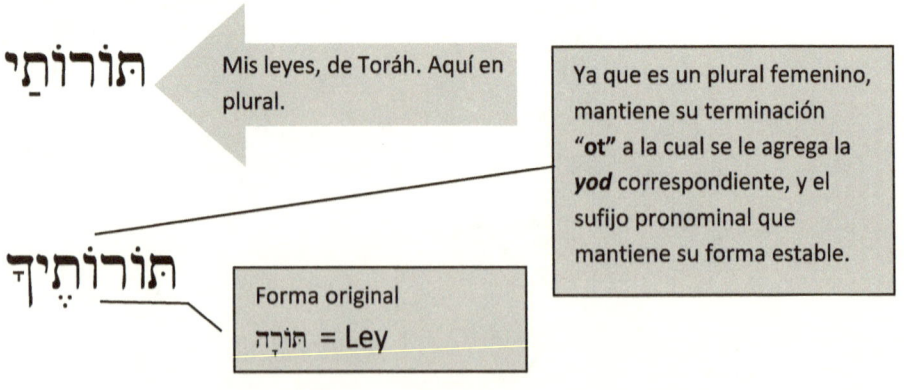

תּוֹרוֹתַי — Mis leyes, de Toráh. Aquí en plural.

Ya que es un plural femenino, mantiene su terminación "ot" a la cual se le agrega la *yod* correspondiente, y el sufijo pronominal que mantiene su forma estable.

תּוֹרוֹתֶיךָ

Forma original
תּוֹרָה = Ley

CLASE 11: SUFIJOS PRONOMINALES

תּוֹרוֹתַי	Mis leyes. 1a persona.
תּוֹרוֹתֶיךָ	Tus leyes. 2a persona masculino singular.
תּוֹרוֹתַיִךְ	Tus leyes. 2a persona femenino singular.
תּוֹרוֹתָיו	Sus leyes (de él). 3a persona masculino singular.
תּוֹרוֹתֶיהָ	Sus leyes (de ella). 3a persona femenino singular.
תּוֹרוֹתֵינוּ	Nuestras leyes. 1a persona común plural.
תּוֹרוֹתֵיכֶם	Vuestras (su) leyes. 2a persona masculino plural.
תּוֹרוֹתֵיכֶן	Vuestras (su) leyes. 2a persona femenino plural.
תּוֹרוֹתֵיהֶם	Las leyes de ellos. 3a persona masculino plural.
תּוֹרוֹתֵיהֶן	Las leyes de ellas. 3a persona FP.

TRADUCCIÓN

Ya que vamos en la clase 11 de nuestro manual, creo que es hora, como me decía un profesor en el seminario, de "ponernos los pantalones largos", es decir, pasar al siguiente nivel. A continuación tendrán algunas líneas escritas en hebreo, sacadas del texto de **Deuteronomio 10**, el pasaje bíblico cuando Dios le ordena a Moisés escribir los diez mandamientos nuevamente. Más abajo encontrarán la ayuda técnica del ejercicio pero ahora más acotada, en aquellas palabras en que la información contenida **ya haya sido estudiada** en este manual, solo colocaré la forma básica de la misma, la clase donde aparece la información para completarla o el símbolo Ø teniendo ustedes que desarrollar la flexión de la palabra en cuestión, y así ir armando su traducción.

1 בָּעֵת הַהִוא אָמַר יְהוָה אֵלַי פְּסָל־לְךָ שְׁנֵי־לוּחֹת אֲבָנִים

2 כָּרִאשֹׁנִים וַעֲלֵה אֵלַי הָהָרָה

3 וְעָשִׂיתָ לְּךָ אֲרוֹן עֵץ׃

4 וְאֶכְתֹּב עַל־הַלֻּחֹת אֶת־הַדְּבָרִים אֲשֶׁר הָיוּ עַל־הַלֻּחֹת

5 הָרִאשֹׁנִים אֲשֶׁר שִׁבַּרְתָּ וְשַׂמְתָּם בָּאָרוֹן׃

6 וָאַעַשׂ אֲרוֹן עֲצֵי שִׁטִּים וָאֶפְסֹל שְׁנֵי־לֻחֹת אֲבָנִים כָּרִאשֹׁנִים

7 וָאַעַל הָהָרָה וּשְׁנֵי הַלֻּחֹת בְּיָדִי׃

CLASE 11: SUFIJOS PRONOMINALES

CLAVES DE TRADUCCIÓN

Línea 1. P1: עֵת tiempo + Clase 8 / P2. Aquel. / P3. Decir + Clase 9 / P4. ∅. / P5. A mi, ver **yod** del posesivo en esta clase. ¿Qué acento tiene? / P6. פסל esculpir, labrar. Aquí en imperativo. / P7. Preposición לְ + sufijo pronominal segunda persona masculino, ver esta clase / P8. Dos. / P9. לוּחַ tabla. Aquí en plural, ¿masculino o femenino? + clase 10 / P10. אֶבֶן + clase 10.

Línea 2. P1: Preposición inseparable כְּ + artículo definido + palabra "primera" + plural, clase 10 / P2. עלה clase 8 + verbo subir, aquí en imperativo. / P3. Ver P5 L1 / P4. Hacia la montaña. Sustantivo + **hei** direccional.

Línea 3. P1: Verbo עשה irregular + clase 8 por prefijo + clase 9 por sufijo / P2. Ver P7.L1 / P3. Arca / P4. Madera, árbol.

Línea 4. P1: Verbo escribir כתב, ver clase 8 y 9 por los prefijos / P2. Sobre / P3. לוּחַ tabla. Aquí en plural, ¿masculino o femenino? Clase 10 + por prefijo ver clase 7 / P4. ∅. / P5. דבר sustantivo palabra + clase 7 + clase 10 / P6. ∅. / P7. Verbo estaban / P8. P2. L4 / P9. P3. L4.

Línea 5. P1: Ver P1. L2 pero aquí solamente con prefijo de artículo definido / P2. ∅. / P3. Verbo שבר Quebrar, romper, destruir, ver clase 9 por sufijo, por el acento ver clase 5 /P4. Verbo שׂים poner, colocar + clase 9 para sufijo, aquí con sufijo de segunda persona masculino perfecto + sufijo pronominal **mem** indica tercera persona masculino, literal **tú los pondrás** (a ellos) / P5. Arca + clase 8.

Línea 6. P1: Verbo עשׂה hacer, irregular. Para definir prefijo ver clase 8 y clase 9 / P2. Arca / P3. P4. L3 + clase 10 por sufijo / P4. Acacias / P5. P6. L1 + clase 8 y 9 por prefijos / P6. Dos / P7. לוּחַ tabla. Aquí en plural, ¿masculino o femenino? + Clase 10 / P8. אֶבֶן + clase 10 por sufijo / P9. Preposición inseparable כְּ + artículo definido + palabra "primera" + plural, clase 10 + acento clase 5.

Línea 7. P1: עלה subir, por prefijos ver clases 8 y 9 / P2. Montaña o monte + *hei* direccional / P3. Dos + clase 8 por prefijo / P4. Ø. / P5. יָד mano + clase 8 por prefijo + esta clase por sufijo.

CLASE 11: SUFIJOS PRONOMINALES

Coffee Break
¿Tiene errores la Biblia?

Para poder responder esta pregunta, primero debemos saber o recordar que la Biblia, es un libro que no se debe abordar desde el binomio **verdad/mentira**. Al contrario, un acercamiento correcto es desde el trinomio **verdad/enseñanza/mística-misterio**. O incluso siguiendo a los biblistas de la edad media, o a los kabalistas de la misma época, se debe estudiar desde el esquema del **ascenso / descenso** hermenéutico u ontológico.

Interpretación desde la Teología Medieval	Interpretación desde la Kabalah Medieval
• Literal	• Pshat (literal)
• Alegórica	• Remes (Alegórica)
• Tropológica (moral)	• Drash (exégesis)
• Anagógica (Teológica)	• Sod (secreto)

Con esto en mente, entonces debemos intentar acotar nuestra pregunta inicial, para no cometer "errores". Algunas preguntas, prespuestas e intentos sobre esto pueden pasar por los siguientes puntos:

Primero aceptando que desde el punto de vista de la transmisión de la escritura, hay muchos errores. Si bien los escribas intentaron hacer el mejor trabajo del mundo, por diferentes razones, *algunas cosas se les pasaron*, tanto a nivel de escritura, como a nivel de comentarios. Esto es honestidad.

En **segundo** lugar debemos, por ejemplo, abordar estos errores, como parte del trabajo de diferentes autores bíblicos. Por ejemplo, suele decirse que la Biblia tiene contradicciones, algo que muchos suelen no querer aceptar. Sin embargo, asumir esas contradicciones, nos sirven para mostrar que la Biblia o sus compiladores, de verdad *no querían intervenir el texto para que "se vea bien o perfecto"*, sino que dejaron sus errores y contradicciones ahí mismo, para mostrar que este texto sagrado, lo es porque esta intervenido tanto por lo divino como por lo humano. Ahí radica la santidad de la Biblia, no en que bajó del cielo, sino que elevó a los hombres hacia ese lugar.

Tercero. También debemos mirar los errores de la Biblia, no como errores, sino *como incentivos a buscar verdades que están más allá, o más profundo en el texto sagrado*. Por ejemplo gran parte del judaísmo cree que la Toráh, los primeros cinco libros de la Biblia, fueron "dictados" o literalmente "entregados" por Dios a Moisés. Lo cual plantea varios desafíos. Muchos de los cuales tomo para sí la kabaláh. Este desafío consiste en la detención total, exploración del texto, tiempo de espera en el mismo, y asombro de los diferentes lenguajes que usa para explorar nuestra alma.

Y cuarto. Que la Biblia tenga errores no es un problema de Dios, ni de los hombres, de hecho no es un problema! Es solo un incentivo, un camino y una oportunidad que nos quiere llevar de regreso a la fuente. *Ese problema o error no apunta a quienes "lo cometieron", sino a nosotros*. Hay algo ahí que debemos mejorar, mirar o contemplar, no en otros, sino en nosotros. De ahí que el actual ateísmo es una verdadera caricatura, porque se queda pendiente de criticar la cáscara, la imperfección humana y la contradicción, antes que adentrarse en la espiritualidad que trasciende a lo escrito. Lo sagrado cabalga sobre el texto, no es el texto. Esa diferencia no la debemos pasar por alto, porque ahí radica la vida del texto.

NOTAS

NOTAS

Clase 12

. Pronombres personales singulares y plurales
. Partículas más usadas con sufijos pronominales
. Otras partículas
. La negación en HB
. Traducción
. Claves de Traducción
. Textos hebreos famosos en la historia. Segunda biblia rabínica

Manual de Hebreo Bíblico

PRONOMBRES PERSONALES SINGULARES Y PLURALES

אֲנִי o אָנֹכִי	Yo	אֲנַחְנוּ	Nosotros (género común)
אַתָּה	Tú (masculino)	אַתֶּם	Ustedes (masculino)
אַתְּ	Tú (femenino)	אַתֶּן	Ustedes (femenino)
הוּא	Él	הֵם o הֵמָּה	Ellos
הִיא	Ella	הֵן o הֵנָּה	Ellas

PARTÍCULAS MÁS USADAS CON SUFIJOS PRONOMINALES

אֵת   Símbolo del complemento directo (nota del acusativo en otras gramáticas). Usualmente significa "a" y en otras ocasiones es la conjunción "con, junto con, en, al lado de". El símbolo del objeto directo usualmente no se traduce, Ej. En el primer versículo de la biblia vean dónde están esos símbolos. "En el principio creó Dios אֵת (a) los cielos y אֵת (a) la tierra"[147] .

---

[147] Traducción Reina-Valera 1960.

CLASE 12: PRONOMBRES

Con respecto a las preposiciones inseparables לְ כְּ בְּ aquí pondremos solo el paradigma בְּ + לְ ya que los demás siguen la misma forma de los sufijos pronominales. Finalmente incluiremos el paradigma עִם "con", más los sufijos pronominales.

אֹתִי a mi[148].	לִי a/para mi[149].	עִמִּי conmigo.	כָּמוֹנִי como yo.
אֹתְךָ a ti (m).	לְךָ a/para ti (m).	עִמְּךָ contigo (m).	כָּמוֹךָ como tú (m).
אֹתָךְ a ti (f).	לָךְ a/para ti (f).	עִמָּךְ contigo (f).	כָּמוֹךְ como tú (f).
אֹתוֹ a él.	לוֹ a/para él.	עִמּוֹ con él.	כָּמוֹהוּ como él.
אֹתָהּ a ella.	לָהּ a/para ella.	עִמָּהּ con ella.	כָּמוֹהָ como ella.

---

[148] Cuando es la partícula "*et*" y no el símbolo del objeto directo y tiene sufijos pronominales la primera vocal es *jírek* y no *jólem*. Cuando ocurre eso se traduce "conmigo, contigo, etc".

[149] Los sufijos de la preposición inseparable בְּ son los mismos.

אֹתָ֫נוּ a nosotros.	לָ֫נוּ a/para nosotros.	עִמָּ֫נוּ con nosotros.	כָּמ֫וֹנוּ como nosotros.
אֶתְכֶם a ustedes (m).	לָכֶם a/para ustedes (m).	עִמָּכֶם con ustedes (m).	כָּכֶם como ustedes (m).
אֶתְכֶן a ustedes (f).	לָכֶן a/para ustedes (f).	עִמָּכֶן con ustedes (f).	כָּכֶן como ustedes (f).
אֹתָם a ellos.	לָהֶם a/para ellos.	עִמָּם con ellos.	כָּהֶם como ellos.
אֹתָן a ellas.	לָהֶן a/para ellas.	עִמָּן con ellas.	כָּהֶן como ellas.

OTRAS PARTÍCULAS

כִּי Su significado básico es "porque", cláusula causal.

אִם Su significado básico es "si" (partícula condicional, y como se puede ver en la tabla de arriba, también puede llevar sufijos pronominales).

אֶל A, hacia. Puede llevar sufijos pronominales.

CLASE 12: PRONOMBRES

LA NEGACIÓN EN HB

En HB existen tres tipos de negaciones.

Esta es la negación más usada en HB, también es la negación que se usa en Hebreo moderno. Lit. **No**. Es el **no** de los 10 mandamientos y es la más prohibitiva. Ver Éxodo 20.

Esta negación se usa en casos condicionales, "no hagas esto para que no te ocurra aquello". Ver Génesis 13:8

Esta es la negación correspondiente a la **"no existencia de algo"**, se traduce como: no hay, no existe, no estaba, no está, etc.. Además puede llevar sufijos pronominales. Ver Éxodo 8:6.

TRADUCCIÓN

A continuación trabajaremos con el texto de **Éxodo 3**, el pasaje bíblico cuando Moisés encuentra la zarza ardiendo. La metodología será la que hemos usado en la clase anterior pero con un pequeño cambio, cuando en las claves de traducción aparezca este símbolo Hb significa que la palabra con o sin sufijos/prefijos ya la pueden traducir completa sin ayuda porque es "materia pasada".

1 וּמֹשֶׁה הָיָה רֹעֶה אֶת־צֹאן יִתְרוֹ חֹתְנוֹ כֹּהֵן מִדְיָן

2 וַיִּנְהַג אֶת־הַצֹּאן אַחַר הַמִּדְבָּר וַיָּבֹא אֶל־הַר הָאֱלֹהִים חֹרֵבָה׃

3 וַיֵּרָא מַלְאַךְ יְהֹוָה אֵלָיו בְּלַבַּת־אֵשׁ מִתּוֹךְ הַסְּנֶה

4 וַיַּרְא וְהִנֵּה הַסְּנֶה בֹּעֵר בָּאֵשׁ וְהַסְּנֶה אֵינֶנּוּ אֻכָּל׃

5 וַיֹּאמֶר מֹשֶׁה אָסֻרָה־נָּא וְאֶרְאֶה אֶת־הַמַּרְאֶה הַגָּדֹל הַזֶּה

6 מַדּוּעַ לֹא־יִבְעַר הַסְּנֶה׃

CLAVES DE TRADUCCIÓN

Línea 1. P1: Hb / P2. Hb / P3. Pastorear, la primera vocal ¿Qué tiempo distingue en Qal? (Lección 9, Clave Morfológica 3, de las claves morfológicas del verbo hebreo) / P4. Hb / P5. Oveja (s) Ø / P6. Nombre propio Ø / P7. Suegro + sufijo, ver clase 11 / P8. Hb en la actualidad nombre propio (Apellido) / P9. Nombre propio Ø.

Línea 2. P1: נהג llevar + usos de la *vav* / P2. Hb / P3. Hb traducción dada en este mismo ejercicio de traducción + artículo / P4. A través Ø / P5. Artículo + la palabra desierto / P6. Verbo irregular בוא ver usos de la *vav*. Lit. "y llegó" / P7. Hb / P8. Montaña Ø. / P8. Hb / P9. Nombre propio Ø.

Línea 3. P1: ראה verbo irregular + *vav* consecutiva imperfecta, aquí en **NIFÁL** "entonces se apareció"/ P2. Ángel de Ø. / P3. Hb / P4. A él / P5. לבה llama, sustantivo constructo + artículo indefinido + preposición inseparable / P6. Fuego Ø. / P7. En medio de / P8. Ø zarza + artículo.

CLASE 12: PRONOMBRES

Línea 4. P1: רָאָה verbo irregular + **vav** consecutiva imperfecta "y miró", aquí en **QAL**. ¿Notas la diferente vocalización entre esta palabra y la P1 de la línea 3? / P2. Conjunción **vav** + la palabra-frase "he aquí" / P3. ዘ / P4. בָּעַר arder en QAL. Según la vocalización ¿en qué tiempo lo traducimos? / P5. ዘ / P6. ዘ / P7.Lit. No se estaba / P8. אָכַל revisar clase 9 y ver qué verbos comienzan con una vocal "u". Aquí "consumía", participio activo.

Línea 5. P1: ዘ ver clase 10 traducción / P2. ዘ / P3. RV60. Iré, otras traducciones "me apartaré", raíz סוּר verbo irregular / P4. Ahora, pues, entonces / P5. רָאָה ver, ¿qué persona, qué tiempo? / P6. ዘ / P7. Visión ∅ + artículo / P8. Grande ∅ + artículo / lit. "la ésta" + acento disyuntivo.

Línea 6. P1: Lit. "Por qué" (∅)/ P2. ዘ / P3. ዘ ver clase 9 y definir por el prefijo persona y tiempo / P4. ዘ.

TEXTOS HEBREOS FAMOSOS EN LA HISTORIA

Biblia Bombergiana conocida también como la **Segunda Biblia Rabínica de Jacob Ben Chayym**. Fue publicada en Venecia entre los años 1516-1517. Una de sus particularidades es que fue uno de los primeros textos en el que se usaron métodos científicos para salvaguardar la mejor tradición. Ben Chayym consultó variedades de manuscritos existentes en aquella época, además colocó las respectivas notas masoréticas ordenadas y comentarios de rabinos destacados.

Coffee Break
Salmo 23

Una de las cosas que más me gusta del texto hebreo, es que siempre nos permite mirarlo desde ángulos más interesantes que el propio "texto escrito". Que es posible sacar consuelo, paz y asombro del ver entre las letras, los espacios en blanco, sus equivalentes numéricos, la forma de la escritura, y hasta los adornos que traen. Un ejemplo de esta forma multi-capas que tiene el texto hebreo de decirnos algo o enseñarnos, está por ejemplo en el famoso Salmo 23.

La primera línea separada es el título del Salmo. *Mizmor leDavid*. Salmo de David. Luego, el primer párrafo tiene **26 palabras**

De ahí llegamos a la línea solitaria en medio (negrilla y más grande) que se traduce como **"porque tú estas conmigo"** *(ki atá immadí)*.

El último párrafo tiene **26 palabras**, igual que el primero.

El nombre de Dios o Tetragrama tiene 4 letras. La suma del valor numérico de cada una de ellas **equivale al número 26**.

Porque tú estas conmigo, está escrito y "dibujado" en el texto del Salmo 23. Todo habla de Dios en el texto hebreo.

מִזְמוֹר לְדָוִד

יְהוָה רֹעִי לֹא אֶחְסָר
בִּנְאוֹת דֶּשֶׁא יַרְבִּיצֵנִי עַל־מֵי מְנֻחוֹת יְנַהֲלֵנִי
נַפְשִׁי יְשׁוֹבֵב יַנְחֵנִי בְמַעְגְּלֵי־צֶדֶק לְמַעַן שְׁמוֹ
לֹא־אִירָא רָע כִּי־אַתָּה בְּגֵיא צַלְמָוֶת

כִּי־אַתָּה עִמָּדִי

שִׁבְטְךָ וּמִשְׁעַנְתֶּךָ הֵמָּה יְנַחֲמֻנִי
תַּעֲרֹךְ לְפָנַי שֻׁלְחָן נֶגֶד צֹרְרָי דִּשַּׁנְתָּ בַשֶּׁמֶן
רֹאשִׁי כּוֹסִי רְוָיָה
אַךְ טוֹב וָחֶסֶד יִרְדְּפוּנִי כָּל־יְמֵי חַיָּי וְשַׁבְתִּי
יָמִים בְּבֵית־יְהוָה לְאֹרֶךְ

NOTAS

CLASE 12: PRONOMBRES

NOTAS

PARTE 3

SINTAXIS

Manual de Hebreo Bíblico. Una guía para curios@s.

Clase 13

. Las tres claves principales en que el HB une frases y palabras
. Cuatro ejemplos de acentos conjuntivos
. Traducción
. Claves de Traducción

Texto en hebreo moderno. Como se puede apreciar en la imagen, no tiene las vocales escritas.

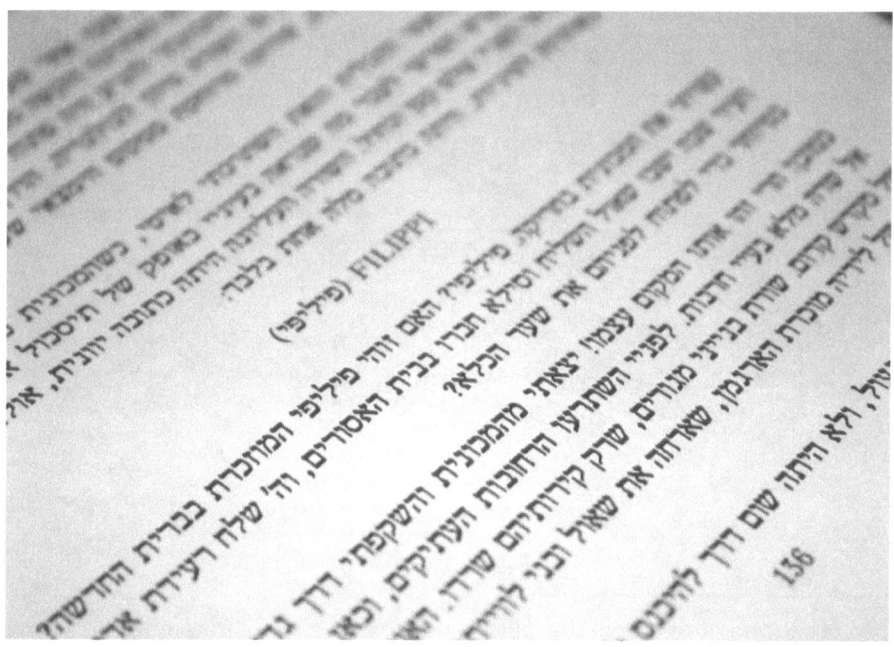

LAS 3 CLAVES PRINCIPALES EN QUE EL HB UNE FRASES Y PALABRAS

1. **El estado constructo.** Esta es una palabra en relación de dependencia con otra, de la que se dice que está en estado **absoluto**. Por ejemplo en hebreo no es necesario escribir "*el camello de Jorge*" como frase completa. En HB serían, las primeras *dos* palabras en español como una sola y *Jorge,* otra por separado, por eso se dice que la primera palabra-frase está en estado constructo mientras que el nombre propio está en absoluto[150]. La gracia del constructo como se habrán fijado es que evita colocar la conjunción "**de**" (genitivo) entre ambos casos. De esta forma la primera palabra (en español son dos) estaría en constructo. ¿Cómo se nota?, de la siguiente manera:

A una palabra en constructo casi siempre "**le pasa algo**". Ej. O se le acorta la vocal (por eso siempre es bueno tener un diccionario de HB cerca para ver la forma absoluta de la palabra), o se le quita una consonante como lo vimos en la clase sobre los plurales en HB[151].

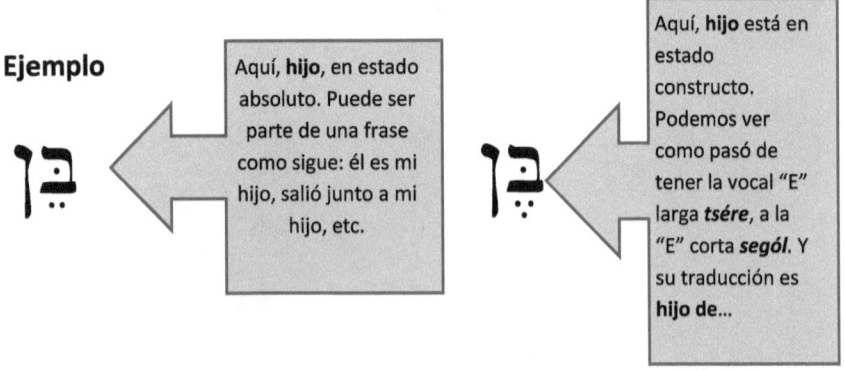

Ejemplo

Aquí, **hijo**, en estado absoluto. Puede ser parte de una frase como sigue: él es mi hijo, salió junto a mi hijo, etc.

Aquí, **hijo** está en estado constructo. Podemos ver como pasó de tener la vocal "E" larga *tsére*, a la "E" corta *segól*. Y su traducción es **hijo de...**

---

[150] No por ser nombre propio sino solamente porque en esta frase que construimos quedó ubicada después.
[151] Clase 10.

IMPORTANTE

. Es necesario revisar el diccionario porque se puede dar el caso de que la palabra estudiada tenga vocal corta como letra original. Osea, no siempre que tengamos una vocal corta en un sustantivo es sinónimo de que está en constructo.

. Hay palabras que están en estado constructo, pero no van unidas a nada o están finalizando una estructura, un hemistiquio[152], o un versículo. Lo que significa que no siempre estarán unidas a otras palabras formando una unidad. Para saber esto es importante fijarse en la acentuación, si es conjuntiva o disyuntiva, el *maquéf* (ver punto dos de esta clase) y la fraseología del texto[153].

2. **La segunda forma** en que el HB nos dice que dos palabras-frases están unidas en relación sintáctica, es con una rayita horizontal elevada que une a las palabras en cuestión. Este signo se llama *maquéf*[154]. Las funciones de éste son varias, la primera es unir dos palabras que se relacionan entre sí, por ejemplo, **el vaso del rey**. La segunda cualidad es que corre el acento principal de las palabras unidas hacia la última sílaba, a menos que se indique lo contrario por medio de otro acento (podría ser la penúltima sílaba, o acento *milél*). Esto provoca algunos cambios en la vocalización que puede confundir al estudiante que está comenzando[155].

---

[152] Mitad de versículo.
[153] Esto usualmente ocurre cuando tienen sufijos pronominales que debe tener como soporte a un sustantivo en constructo.
[154] Cadena.
[155] Decimos esto porque al traducir, se debe tener presente que hay palabras que en estado absoluto vienen "de fábrica" con vocal corta, como es el caso de los *segolados*. Por ende no siempre que nos encontremos con un sustantivo con vocal corta es porque está en constructo.

Principalmente porque todas las palabras-sílabas unidas por el *maquéf* sufren algún tipo de alargamiento-acortamiento de su vocal por la falta del acento principal.

Ejemplo
Aquí tenemos el primer versículo del libro de Yonáh (Jonás), en donde vemos tres uniones por *maquéf* representadas por las llaves horizontales. Proporcionaré abajo del texto la traducción interlinear para que vean la dinámica del mismo.

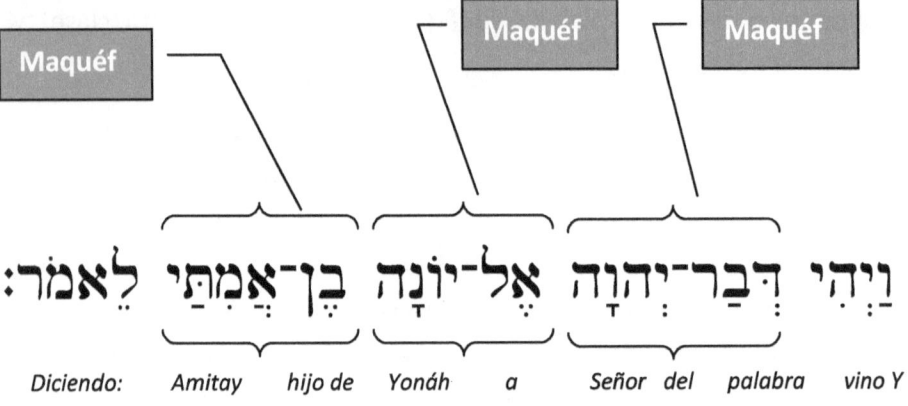

3. **Finalmente, la tercera forma** en que el HB nos indica que dos palabras-frases están unidas en propósito, es por medio de los **acentos conjuntivos** (siguiente página). Así es que podemos conocer las microestructuras presentes en un campo determinado llamado usualmente versículo[156]. A continuación, tal como lo hicimos con los acentos disyuntivos, escribiré los cuatro más comunes en prosa y poesía.

---

[156] En hebreo *Pasúk*.

CLASE 13: SINTAXIS

Cuatro ejemplos de acentos conjuntivos

Esta "escuadra" bajo la *sín*, es uno de los acentos conjuntivos más comunes. Su nombre es **munáj**, y su característica principal es la forma que está como abierta hacia delante, lo que de algún modo ya nos señala que está uniendo esta palabra con la que sigue. Además es un acento infralineal. Esto porque hay otro que tiene la misma forma pero que es supralineal.

Este acento con forma de flecha se llama **mehupáj**. Su forma nos sirve para identificarlo igualmente como acento conjuntivo, porque siempre está apuntando hacia delante.

Este acento con forma de línea en diagonal se llama **merejá**. Su forma igual nos indica que se relaciona con la palabra que viene.

Finalmente este acento conjuntivo se llama **azlá**, su característica es que es supralineal.

TRADUCCIÓN

Este es uno de los textos bíblicos más conocidos, la historia de la destrucción de Sodoma y Gomorra en Génesis 19. La metodología de trabajo será la misma que hemos venido desarrollando.

1 וַיָּבֹאוּ שְׁנֵי הַמַּלְאָכִים סְדֹמָה בָּעֶרֶב וְלוֹט יֹשֵׁב בְּשַׁעַר־סְדֹם

2 וַיַּרְא־לוֹט וַיָּקָם לִקְרָאתָם וַיִּשְׁתַּחוּ אַפַּיִם אָרְצָה׃

3 וַיֹּאמֶר הִנֶּה נָּא־אֲדֹנַי סוּרוּ נָא אֶל־בֵּית

4 עַבְדְּכֶם וְלִינוּ וְרַחֲצוּ רַגְלֵיכֶם וְהִשְׁכַּמְתֶּם וַהֲלַכְתֶּם

5 לְדַרְכְּכֶם וַיֹּאמְרוּ לֹּא כִּי בָרְחוֹב נָלִין׃

CLAVES DE TRADUCCIÓN

Línea 1. P1: *Vav* Cl[157] + verbo irregular בוא llegar, venir. Con la ayuda de la clase sobre los verbos y las funciones del *vav* podemos traducir correctamente esta palabra / P2. Dos Ø / P3. Hb / P4. Nombre propio + *hei* direccional/ P5. Preposición + la palabra "tarde" + acento ¿Conjuntivo o disyuntivo? / P6. Conjunción + nombre propio / P7. ישׁב Sentarse. Verbo en **QAL**. ¿Perfecto, imperfecto o participio?/ P8. Preposición + la palabra puerta / P9. Hb Ø, ¿qué acento?

---

[157] Vav consecutiva imperfecta.

CLASE 13: SINTAXIS I

Línea 2. P1: לֹ + *maquéf* + nombre propio/ P2. לֹ ∅ / P3. קוּם verbo irregular. Ponerse en pie o levantarse. La estructura ya es conocida / P4. Ésta es una palabra interesante, la raíz es קרא que en QAL significa llamar, nombrar, pero que en algunos contextos como este, y en infinitivo (ver las claves morfológicas en verbos regulares en la clase 9) se traduce como; salir al encuentro, invitar, etc. Aquí + sufijo pronominal de 3ª masculino plural, traducción literal, "a encontrar a ellos" / P5. Y se inclinó. Verbo de estructura HISHTAFEL, poco común raíz חוה / P6. Rostro, nariz. En HB esta palabra aparece en plural, aquí en dual / P7. Hacia la tierra, tiene la misma *hei* direccional que P4 de la Línea 1.

Línea 3. P1: לֹ / P2. לֹ ∅ + acento ¿Conjuntivo o disyuntivo? / P3. Ahora, pues ∅ / P4. Mis señores / P5. Vengan / P6. Partícula "por favor" ∅ / P7. לֹ + *maquéf*/ "casa de" ∅.

Línea 4. P1: Siervo + sufijo (ver clase 11) / P2. לִין hospedarse, pernoctar (imperativo) + sufijo verbal / P3. **Vav** + רחץ lavarse + sufijo verbal (imperativo) / P4. רֶגֶל pie + clase 11 ¿singular o plural? / P5. **Vav** consecutiva perfecta + verbo levantar שׁכם aquí en Hifíl (por sufijo ver clase 9) / P6. **Vav** conjuntiva + verbo caminar, seguir הלך (por sufijo ver clase 9).

Línea 5. P1: preposición inseparable + sustantivo דֶּרֶךְ camino + sufijo pronominal + acento disyuntivo / P2. לֹ / P3. לֹ / P4. לֹ / P5. Preposición + artículo (¿cómo lo podemos saber?) + sustantivo רְחוֹב calle, lugar espacioso/ P6. לִין hospedarse, pernoctar + prefijo verbal (clase 9).

Coffee Break
La Biblia como Texto Musical

En la clase 5 de este manual, les comenté que una de las funciones de los acentos en el texto hebreo era la "función musical". En este pequeño apartado explicaré algo más esta cuestión.

- Para poder entender al texto hebreo como texto musical, lo primero que debemos recordar, es que es un texto que nace desde la tradición oral, osea, que en principio la mayoría de los textos bíblicos eran historias que se pasaban de generación en generación.

- Al ser un texto en principio de transmisión oral, debemos sumar ahora el hecho de que el texto bíblico era poético, usualmente recitado o cantado, ya que eso es justamente lo que permite su correcta memorización. Como en la iglesia o sinagoga, siempre es más fácil recordar lo que se canta que lo que se estudia o simplemente lee.

- A lo anterior debemos añadir el hecho de que para el mundo hebreo, la Biblia o Tanáj, es un texto de transmisión múltiple, en donde no solo habla el significado de lo escrito, como ocurre exclusivamente en occidente. Sino que también habla, la forma del texto, el equivalente numérico de cada letra, la forma de las letras, los múltiples significados de cada una de ellas, la forma en que la usa determinado escritor, la posición del libro en el conjunto, incluso la forma de "dibujar" con los párrafos en los rollos de la Torá, etc. Como en la tradición árabe, en la edad media se dibujaban las historias de la Biblia, como la de Jonás, usando el texto bíblico de dicho libro como los trazos o líneas del mismo dibujo.

- Todo esto implica que el texto hebreo, al ser cantado, como ocurre en las lecturas sinagogales de y hasta nuestros días, se transforma automáticamente en un canal sensorial, emocional, y lleno de estética del alma que lo que quiere provocar es el encuentro entre Dios y el hombre.

- Curiosamente en occidente, la lectura más emocional o visceral de la Biblia ha quedado relagada a un mundo casi preliterario. Mientras que en su lugar hemos puesto a la exégesis y hermenéutica como los más altos estándares de acierto y verdad teológica. Lo musical y poético ha quedado de lado como símbolo de infantilismo religioso. Para dar referencia a ello, solo basta mirar el trato despectivo que suele darse a los movimientos pentecostales desde las esferas de la iglesia histórica. Ellos, que de alguna forma son los precursores de la tradición oral, musical y experiencial de la Biblia en el mundo cristiano, suele ser mirados como ignorantes de la sapiencia y escolástica cristiana. Cuando debería ser al revés.

- Hablar de la Biblia como libro musical, es hablar de un Dios que está dispuesto a hablar en todas las frecuencias posibles con sus hijos, no solo con aquellos que "entienden", sino también con aquellos que expresan su fe desde lo sensorial. Es una especie de democratización de la experiencia divina.

- Si la Biblia es un texto que desde siempre ha sido cantado, es porque en la música, es posible también encontrar/encontrarse a Dios, más que encontrar algo acerca de él. Lo cual es una perspectiva interesante para la teología modernista, la cual suele hablar "de Dios", mientras que en la música o el canto sagrado podemos hablar "con él".

- Todo esto nos recuerda, que Dios mismo se manifiesta en diferentes formas al hombre bíblico. Como un susurro apacible, como una voz, como un dedo que escribe en una pared, como un viento, como fuego, como luz, paz, amor, como silencio, etc.

NOTAS

Clase 14

. Principios generales de sintaxis narrativa
. Características de la literatura poética
. Paralelismos
. Palabras o frases onomatopéyicas
. Repetición de sonidos
. Métrica
. Rima
. Traducción
. Claves de traducción

PRINCIPIOS GENERALES DE SINTAXIS EN LA LITERATURA NARRATIVA

A continuación enumeraré los principios fundamentales de la sintaxis del HB. Los textos que usaremos serán de 1ª de Samuel.

1. En los textos narrativos usualmente el HB coloca el verbo primero.

אָכְלָה אַחֲרֵי חַנָּה וַתָּקָם
comer   de después   Jannáh   levantó se

Verbo. Lit. Se levantó.

2. Cuando el HB quiere dar un énfasis especial a una partícula puede cambiar el orden de arriba.

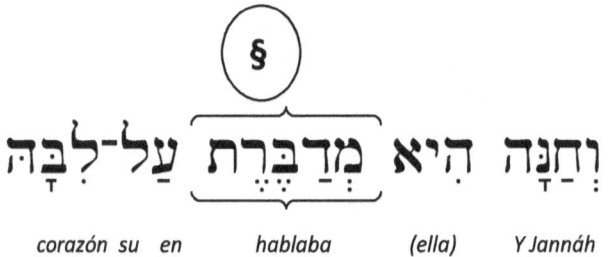

עַל־לִבָּהּ מְדַבֶּרֶת הִיא וְחַנָּה
corazón su en   hablaba   (ella)   Y Jannáh

> §
>
> Este es el verbo **Dabár**. En HB es *hablar* o *decir*. Es un verbo en **Piél**, aquí por la ***mem*** adelante indica que está en participio activo. (Ver CLAVES MORFOLÓGICAS DE TRADUCCIÓN DE VERBOS REGULARES EN LAS 7 ESTRUCTURAS PRINCIPALES DEL VERBO HEBREO, Clase 9).

3. El sujeto usualmente sigue al verbo.

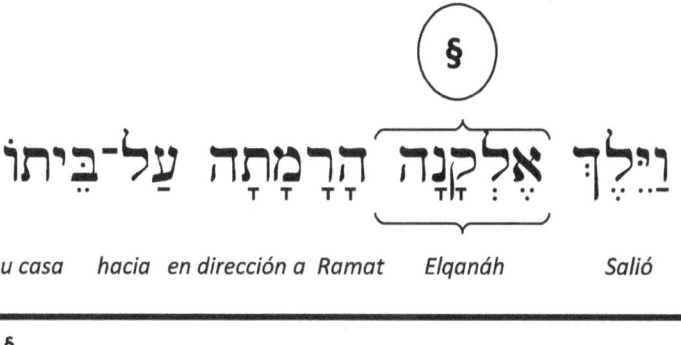

su casa   hacia en dirección a Ramat   Elqanáh   Salió

> §
>
> Este es un ejemplo de sujeto que sigue al verbo, en este caso es el nombre propio **Elqanáh**.

4. Después del sujeto viene por lo regular el objeto directo. (Génesis 1:4).

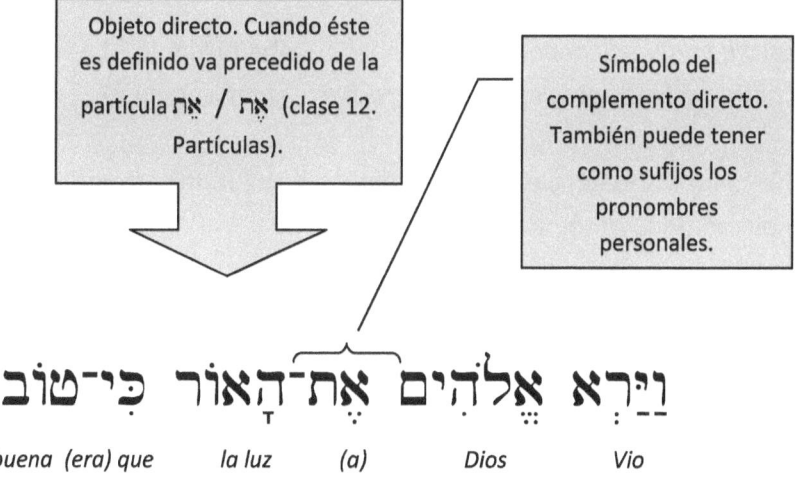

buena (era) que   la luz   (a)   Dios   Vio

CARACTERÍSTICAS DE LA LITERATURA POÉTICA

En la literatura poética, por el propio estilo que demanda el género literario, el orden de las oraciones no siempre está relacionado con la narrativa. Esto porque el HB en lo que a poesía se refiere, usa diferentes recursos literarios para imprimir dramatismo en estos textos. Entre los recursos estilísticos más usados podemos citar:

1. Paralelismos

Entre los que existen podemos identificar tres[158].
Paralelismo **sinónimo**, en donde la primera y la segunda parte de un versículo dicen lo mismo con diferentes palabras, ej:
Salmo 61:1ª
¡Escucha, oh, Dios, mi clamor, (hemistiquio A)
atiende a mi plegaria! (hemistiquio B)

Paralelismo **antitético**, es aquel donde ambas partes del versículo presentan ideas contrarias, ej:
Proverbios 13:25
El justo come hasta quedar satisfecho, (hemistiquio A)
el vientre de los malvados pasa necesidad. (hemistiquio B)

Paralelismo **sintético**, se produce cuando la segunda parte del versículo complementa la primera parte de éste, ej:
Salmo 51:3
Piedad de mí, oh Dios por tu bondad, (hemistiquio A)
por tu inmensa ternura borra mi delito. (hemistiquio B)

---

[158] En esta sección usaré textos de *La Nueva Biblia de Jerusalén*. Editorial Desclée De Brouwer. S.A. 1999.

2. Palabras o frases onomatopéyicas

La onomatopeya se produce cuando el sonido de las palabras evoca por semejanza el sonido de aquello que describen, ej:
Génesis 1:2b.

Y un viento de Dios aleteaba por encima de las aguas.
En hebreo este texto suena:
ve rúaj elojím merajéfet al penéy jammáyim[159].

Aquí podemos notar la constante repetición del sonido "j", que asemeja al viento que es justamente de lo que está hablando el texto, algunas traducciones hablan de "espíritu", aunque **rúaj**, está relacionado con viento igualmente.

3. Repetición de sonidos[160]

Este es otro recurso muy empleado en los textos poéticos de la Biblia, lamentablemente en español no siempre se aprecia, pero cuando leemos los mismos textos en hebreo podemos advertir su efecto. Por ej:

El título del libro más romántico de la biblia en español es "Cantar de los Cantares que el cual es de Salomón", lo que en hebreo sería: *shir hashirím ashér lishlomóh*. ¿Notas la repetición del sonido **sh**?

---

[159] Siguiendo a Moisés Chávez he transliterado en este texto la *hei* como una aspiración suave, por lo tanto como "j" para mostrar el énfasis en los sonidos que he querido identificar aquí.
[160] Este fenómeno sonoro se le conoce como aliteración.

4. Métrica

Es un recurso presente en prácticamente toda la literatura poética del Antiguo Testamento, se refiere a la distribución simétrica de los acentos en cada versículo o hemistiquio. Esto permite mantener un ritmo en la lectura lo que facilitaba considerablemente su memorización[161].

Uno de los ritmos más comunes es el conocido como 3+3, esto quiere decir que en cada mitad de versículo (hemistiquio) hay tres acentos, no necesariamente tres palabras, de hecho pueden haber más que eso. Por ej: Salmo 118:1,
¡Dad gracias a Yahvé, porque es bueno,
porque es eterno su amor!

הוֹדוּ לַיהוָה כִּי־טוֹב   *hodú ladonáy ki-tóv* (cuatro palabras, tres acentos)

כִּי לְעוֹלָם חַסְדּוֹ:   *kí leolám jasdó* (tres palabras, tres acentos)

Además de esta métrica hay otras que están asociadas a estados anímicos específicos, algo así como tocar una canción solo con notas menores y a un ritmo muy lento. Ejemplo de esto podemos encontrar en muchos versículos del libro de las Lamentaciones, como: Lamentaciones 1:14

---

[161] No olvidemos que antes de ser textos escritos, los textos de la biblia, y principalmente los del Antiguo Testamento eran transmitidos de forma oral, por lo que hacer uso de recursos nemotécnicos era de suma importancia.

CLASE 14: SINTAXIS II

נִשְׁקַד֮ עֹל פְּשָׁעַי֒/בְּיָד֣וֹ יִשְׂתָּרְג֑וּ   *nisqád ol peshaáy / beyadó yistaregú*

עָל֣וּ עַל־צַוָּארִ֑י/הִכְשִׁ֥יל כֹּחִֽי   *alú al tsavarí / hijshíl kojí*

נְתָנַ֣נִי אֲדֹנָ֑י בִּידֵ֖י/לֹא־אוּכַ֣ל קֽוּם׃   *netananí Adonai bidéy / lo ujál qúm*

5. Rima

Aunque la poesía en HB no está sujeta a la rima, sí existen ciertas creaciones en las cuales está presente. Por ej:
Job 16:16

וַיִּגְאֶ֣ה כַּשַּׁ֭חַל תְּצוּדֵ֑נִי   *beigeh kashajal tetsudeni*

וְ֝תָשֹׁ֗ב תִּתְפַּלָּא־בִֽי׃   *vetashóv titpala bi*

TRADUCCIÓN

Como en esta clase hemos tratado mayoritariamente características de la literatura poética en la biblia, corresponde entonces que trabajemos un texto en esta línea. Para tal efecto he escogido el famoso Salmo 100. En este ejercicio los verbos los seguiré poniendo en infinitivo, para que puedan usar la clase 9 sobre los verbos, y así conjugarlos correctamente.

1 מִזְמ֥וֹר לְתוֹדָ֑ה הָרִ֥יעוּ לַ֝יהוָ֗ה כָּל־הָאָֽרֶץ׃
2 עִבְד֣וּ אֶת־יְהוָ֣ה בְּשִׂמְחָ֑ה בֹּ֥אוּ לְ֝פָנָ֗יו בִּרְנָנָֽה׃
3 דְּע֗וּ כִּֽי־יְהוָה֮ ה֤וּא אֱלֹ֫הִ֥ים הֽוּא־עָ֭שָׂנוּ וְלֹ֣א אֲנַ֑חְנוּ
4 עַ֝מּ֗וֹ וְצֹ֣אן מַרְעִיתֽוֹ׃
5 בֹּ֤אוּ שְׁעָרָ֨יו ׀ בְּתוֹדָ֗ה חֲצֵרֹתָ֥יו בִּתְהִלָּ֑ה הֽוֹדוּ־ל֝֗וֹ בָּרֲכ֥וּ שְׁמֽוֹ׃
6 כִּי־ט֣וֹב יְ֭הוָה לְעוֹלָ֣ם חַסְדּ֑וֹ וְעַד־דֹּ֥ר וָ֝דֹ֗ר אֱמוּנָתֽוֹ׃

CLAVES DE TRADUCCIÓN

Línea 1. P1: Salmo Ø / P2. Prep. + gracias + acento disyuntivo / P3. Verbo irregular cantar רוע aquí "canten" Imperativo Hfl. / P4. Hb / P5. Hb / P6. Hb.

Línea 2. P1: Servir / P2. Hb / P3. Hb / P4. Prep. + alegría + acento (marca sintáctica) / P5. Verbo בוא entrar, venir / P6. De פנים delante de él, expresión idiomática + sufijo pronominal / P7. Prep. + regocijo Ø.

Línea 3. P1: Verbo conocer ידע irregular + acento disyuntivo / P2. Hb / P3. Hb / P4. Hb / P5. Hb / P6. Hb / P7. Verbo hacer עשה irregular / P8. Hb un tema muy interesante sobre este texto es que en varios manuscritos hebreos antiguos la partícula que aparece es לוֹ **para él o de él** / P9. Hb.

Línea 4. P1: Pueblo Ø+ sufijo pronominal / P2. Conjunción + la palabra ovejas, rebaño Ø / P3. Pasto, prado Ø + sufijo pronominal.

CLASE 14: SINTAXIS II

Línea 5. P1: Hb / P2. Puerta + sufijo pronominal, ¿plural o singular? / P3. Prep. + gracias ∅ / P4. Patio + sufijo pronominal, ¿plural o singular? / P5. Prep. + Alabanza ∅ / P6. Verbo alabar, irregular / P7. Hb / P8. Verbo bendecir, regular בָּרֵךְ / P9. Nombre ∅ + sufijo pronominal.

Línea 6. P1: Hb / P2. Hb / P3. Hb / P4. Prep. + Eternidad ∅ / P5. Misericordia + sufijo pronominal + acento disyuntivo / P6. Conjunción + hasta ∅ / P7. Generación ∅, a veces con *jólem* completa / P8. Hb / P9. Misericordia אֱמוּנָה ∅ + sufijo pronominal.

Coffee Break
Slow, slow, sssllloooowwww

Hoy cada vez se hace más necesario poder detenernos. Poder apreciar lo que nos rodea, lo que nos pasa, lo que estamos aprendiendo y lo que les pasa a los otros. En varios lugares del mundo se ha instalado como una moda los "slow mall", centros comerciales donde la idea es que nadie corra, sino que todo sea con calma. En la detención radica la clave o llave del verdadero conocimiento.

De ahí que el estudiar hebreo, no puede quedar excento de esta regla universal. Y como no! Si es una lengua que nace en un tiempo lejano, muy lejano en la vida de un pueblo que camino muchos años por el desierto, deteniéndose ahí donde habían fuentes de agua, ahí donde era necesario contemplar la vida.

Si bien, para aprender cualquier idioma se necesita práctica y paciencia. El hebreo exige detención, reflexión y cero apuro. De ahí que quienes quieren aprender en un par de meses para saber rápido, fracasan estruendosamente.

Esto ocurre porque el hebreo, como lo he dicho en otros apartados, no solo quiere entregar "información", sino que quiere que aprendas el arte de la contemplación. No solo para poder definir raíces, y así poder hacer una buena traducción, sino por el simple hecho de detenernos.

Esa es la fórmula por medio de la cual sabios y rabinos de todos los tiempos han encontrados tesoros comos:

- Secuencias de Letras Equidistantes. Mensajes que es posible codificar, en donde aparecen palabras contando cierta cantidad de letras.

- Nuevas interpretaciones a partir de la suma numérica de las letras de determinada palabra. Que se equivalen con otra palabra que no es la misma, pero que sí tiene la misma correspondencia numérica.

- Han encontrado el nombre de Dios, en lugares donde usualmente no está, o no debería estar.

Detenerse en una frase, meditar en ella, buscar nuevas lecturas, más información, equivalencia musical, cadencia y ritmo, solo es posible para quien sabe mirar. No en vano dicen los sabios que el primer versículo del Génesis tiene más de 70 interpretaciones!

Obviamente, esto no forma parte de la forma en que nos han enseñado a leer por estos lados del mundo. En occidente, nos han dicho que la Biblia solo es un libro que entrega información, ya sea histórica, teológica o exegética. Sin embargo, si la leemos desde oriente, desde el desierto, desde la ruralidad en que fue transmitida, desde la contemplación del Sinaí, podremos encontrar mucha más riqueza.

Por eso, quien logre el éxito en el estudio del hebreo bíblico, solo será la persona que sepa detenerse, que prepare su lugar de lectura, que ambiente su alma para ello. No tiene que ver con inteligencia ni capacidad intelectual, sino con saber medir sus tiempos.

NOTAS

PARTE 4

TRADUCCIÓN

Manual de Hebreo Bíblico. Una guía para curios@s.

Clase 15

- Claves generales de traducción
- Sobre la polisemia del HB
- Temas que surgen desde la problemática polisémica del Antiguo Testamento por estos días

CLAVES GENERALES DE TRADUCCIÓN

Ya que este manual está dirigido a personas que quieren, primero entender la dinámica de la lengua hebrea clásica, y segundo, conocer los procesos relacionados con la traducción al español de la misma, les entregaré a continuación una serie de consejos relacionados con aquellos puntos más importantes que debemos conocer, para comenzar a traducir textos desde el HB. Muchas de estas claves estarán referidas a las clases anteriores, al tiempo que serán una base importante para el trabajo de la clase final, que consistirá en un ejercicio global de traducción de un texto específico de la biblia.

1. Al abordar una traducción bíblica específica, **lo primero que debemos considerar es el tipo de literatura** que es. Debemos determinar a qué género literario pertenece, ya que no es lo mismo traducir poesía que traducir un texto narrativo[162]. Esto porque la poesía contiene elementos estilísticos propios que no suelen presentar la narrativa, como los paralelismos, quiasmos, métricas diferentes, etc. Es clave entonces entender este aspecto, ya que la traducción equivocada de un texto poético puede hacernos interpretar un verso bíblico como si fuera histórico cuando en realidad no lo es.

2. Cuando ya estamos instalados en el texto, y después de saber a qué género literario pertenece, viene el proceso de traducción. Para esto es necesario **tener siempre en mente que debemos dar un paso a la vez**, no olvidar que cada versículo contiene "**microversos**" dentro de sí mismo lo que facilita enormemente la tarea del

---

[162] Siempre es bueno comenzar con literatura narrativa, con alguno de los libros históricos como los del Pentateuco, Reyes, Samuel, Crónicas, etc.

CLASE 15: CLAVES DE TRADUCCIÓN

traductor, ya que nos enfocamos en textos de pequeñas dimensiones en vez de párrafos completos que a primera vista pueden resultar intimidantes.

Por ejemplo
En el primer versículo de la Biblia encontramos un texto que está dividido en **cuatro microestructuras internas**. Éstas se aprecian por medio de los acentos conjuntivos y disyuntivos[163] que tienen. De esta forma el estudiante no traduce todo el texto o párrafo sino que lo hace por secciones más pequeñas.

3. El tercer paso es **comenzar a trabajar con las palabras**. Al principio debemos identificar la **raíz de la palabra** que estamos buscando. Como ya hemos dicho, si es un verbo o un sustantivo regular su raíz aparecerá visible sin mayores problemas, es esa raíz la que buscaremos en el diccionario. Un buen ejercicio es tomar un versículo bíblico en lo posible narrativo y conocido por nosotros (Ejemplo la toma de Jericó) y comenzar a trabajarlo traduciendo primero las palabras que sean más sencillas al principio y dejando para el final las más complejas. Identificar las preposiciones inseparables, partículas sueltas, mirar la palabra en cada una de sus partes, conjeturar, etc.

---

[163] Clase 5 de este mismo manual.

4. **Cuidado con las frustraciones.** Una de las cuestiones más recurrentes cuando comenzamos la labor de traducción de textos bíblicos es que los estudiantes quieren que éstos queden tan hermosos como los clásicos o las modernas biblias en lenguaje actual. Sin embargo lo más real es que al principio sonarán como diálogos de "Jane y Tarzán". Y aunque el HB no es difícil de aprender, otra cosa es que uno pueda transformarse en un *Casiodoro de Reina* de la noche a la mañana, incluso independiente del método que uno prefiera para aprender, ya sea de memorización o inductivo, siempre hay que tener presente que como cualquier idioma, se requiere un esfuerzo extra, no es solo leer sino sobre todo, comprender. Por ejemplo traducir un texto narrativo del Éxodo puede resultar muy estimulante dado su carácter de "historia contada", pero otra cosa es traducir el libro del profeta Abdías, o el libro de Eclesiastés en que los traductores no se ponen de acuerdo acerca de cómo pasar la mayor parte de los versículos al español.

5. Luego debemos verificar si **nuestra palabra es verbo o sustantivo y si tiene pre-in-o sufijos** que la flexionen. Para esto posiblemente les sirva la siguiente fórmula. Hay tres nombres que aparecen en la Biblia y que nos recuerdan cuáles son las consonantes que flexionan una palabra. A estas letras se las llama "**letras serviles**", y los nombres que representan son **Eitán**, **Moshé** (Moisés) y **Caleb**.

CLASE 15: CLAVES DE TRADUCCIÓN

Estas 11 letras tendrán dos funciones en el HB. A) ser parte de la raíz de la palabra que estén trabajando. B) Ser sufijo, prefijo o infijo de la palabra. Por lo tanto las otras 11 letras del alefato hebreo, serán siempre solo parte de la raíz y nada más. Lo que les permitirá en muchos casos poder traducir e identificar más rápidamente el texto que estén trabajando.

6. Una forma ideal para iniciar un proceso de traducción es **con un cuaderno o una libreta donde se anote el versículo hebreo verticalmente.** Una palabra por línea, así no queda todo un espacio hacia el lado para colocar la información necesaria referida a cada palabra. Para esto es muy útil recordarnos siempre que estamos comenzando un trabajo de traducción, porque está permanentemente latente el hecho de querer hacer que nuestro trabajo suene y se vea bien, lo que en principio no siempre es posible.

7. Otra cosa muy importante en este punto en saber que en principio nuestras traducciones serán más cercanas al método de **traducción por Equivalencia formal**[164], es decir bastante literales, ya con el tiempo, y en la medida que vayamos dominando la dinámica de la lengua hebrea podremos pasar al siguiente nivel, el de las **traducciones por equivalencia dinámica**[165], es decir, una traducción que toma un texto y lo vierte al idioma receptor de la manera más coloquial posible haciéndolo por esto mucho más claro.

---

[164] Ejemplo de este tipo de traducciones son la Reina Valera, Biblia de Jerusalén, Torres-Amat y la del Padre Guillermo Jünemann Becksäfer.
[165] Traducciones por equivalencia dinámica son por ejemplo, la Biblia Dios Habla hoy en la tradición católica y la Biblia en Lenguaje Actual en el mundo protestante.

8. Ya que al principio no estarás relacionado con mucho vocabulario de HB, es recomendable que en los primeros estadios de traducción **puedas tener una biblia "guía"**[166] o un interlineal[167] para que cuando te topes con alguna palabra extraña puedas consultarla y conocer de qué raíz viene y hacer relaciones lógicas entre palabras con la ayuda de un diccionario de HB.

SOBRE LA POLISEMIA EN EL HB

La polisemia es la diversidad de significados que podemos extraer de una palabra[168]. En el caso del HB este asunto se torna más interesante debido a que las palabras que están contenidas en el texto bíblico no son muchas, en relación a otros idiomas, entendiendo además que el texto hebreo del Antiguo Testamento tampoco es "todo" el hebreo que se usaba coloquialmente en los tiempos antiguos.

Un ejemplo de esta diversidad la podemos ver en el versículo de Deuteronomio 1:8 en la página siguiente.

---

[166] En el caso de no tener un interlineal recomiendo una traducción Bíblica por "equivalencia formal" es decir, lo más apegada a la sintaxis del HB. En el mundo protestante la Reina Valera de 1960 es una muy buena traducción y en el mundo Católico la Biblia de Jerusalén es una muy buena alternativa igualmente.
[167] Un clásico de estas características es el Antiguo Testamento Interlineal de Ricardo Cerni. Tomos I al IV. Editorial CLIE.
[168] http://buscon.rae.es/drael/SrvltConsulta?TIPO_BUS=3&LEMA=polisemia.

CLASE 15: CLAVES DE TRADUCCIÓN

רָאָה	נָתַתִּי	לִפְנֵיכֶם	אֶת־הָאָרֶץ
ראה	נתן	פנה	ארץ
ver, mirar[170]	dar	cara	Tierra (la) a[169]
contemplar	conceder	aspecto	región con
experimentar	transmitir	persona	país en
distinguir	poner	intención	terreno junto
cuidar de	hacer	superficie	territorio de
elegir	construir	delante de	

בֹּאוּ	וּרְשׁוּ	אֶת־הָאָרֶץ	אֲשֶׁר	נִשְׁבַּע	יְהוָה
בוא	ירש		אשר	שבע	
entrar	ocupar	tierra a	que	jurar	Adonai
Venir	someter	región con	porque	conjurar	señor
llegar	desalojar	país en	si	suplicar	Yavé
volver	heredar	junto	como		Jehová
introducir		de	cuando		HaShem
conducir					

לַאֲבֹתֵיכֶם	לְאַבְרָהָם	לְיִצְחָק	וּלְיַעֲקֹב
אב			
padre	Abraham a	Isaac a	Jacob a y
patriarca			
jefe			

---

[169] Si bien es cierto aquí la partícula אֶת es el símbolo del complemento directo, la misma forma también puede servir de partícula o conjunción, en esa ocasión puede ser traducida con todas las alternativas que van hacia abajo.

[170] Todos los significados extraídos corresponden al *Diccionario del Hebreo y Arameo Bíblicos*, Ediciones La Aurora, 1982. Buenos Aires.

לָתֵת	לָהֶם	וּלְזַרְעָם	אַחֲרֵיהֶם:
נתן		זרע	אחר
dar	a ellos	sembrar	atrás
conceder	para ellos	germinar	detrás
transmitir		dar a luz	después de
poner		fecundad	fin
hacer			
construir			

Temas que surgen desde la problemática polisémica del Antiguo Testamento por estos días.

- Nunca podremos saber con exactitud, la intención de un escritor bíblico con respecto a un pasaje determinado, debido a este asunto. Por lo tanto el texto bíblico posee su riqueza a partir de las múltiples lecturas que podemos extraer del mismo. El problema sobre todo para los más ortodoxos, es que tal riqueza nos podría conducir a múltiples interpretaciones, que podríamos aplicar en diversas situaciones, al punto quizás de hacer decir a la biblia lo que no dice.

- No estamos seguros que una traducción bíblica sea totalmente fiel al original. Por lo que lo mejor que podemos hacer es "proyectar", lo que podría decir tal o cual texto en situaciones más contemporáneas. Lo que al mismo tiempo invita otras problemáticas más relacionadas con la interpretación.

CLASE 15: CLAVES DE TRADUCCIÓN

- Este tema nos obliga a conocer mucho más la cultura hebrea antigua, no solo desde la perspectiva teológica sino que también desde la socio-antropológica, ya que para determinar qué "dice" un texto, no nos basta simplemente con conocer el original[171], sino que también el contexto en el cual se desarrolla tal o cual vocablo.

- La polisemia nos ayuda a definir que efectivamente la biblia es la "palabra de Dios", porque sigue hablando en nuestro tiempo, justamente debido a las diferentes lecturas que podemos extraer de ella, y porque se moldea a las necesidades personales del hombre de todo tiempo.

---

[171] Uno de los historiadores de la religión más influyentes en este tema, y que impulsó la lectura crítica-histórica de los textos bíblicos fue el teólogo alemán Hermann Gunkel, quien instaba a interpretar, por ejemplo, los Salmos desde la situación vital en la cual fueron escritos, a este acercamiento más sociológico se le conoce como *Sitz im leben*.

NOTAS

Clase 16

. Ejercicio de Traducción Final
. Texto
. Vocabulario

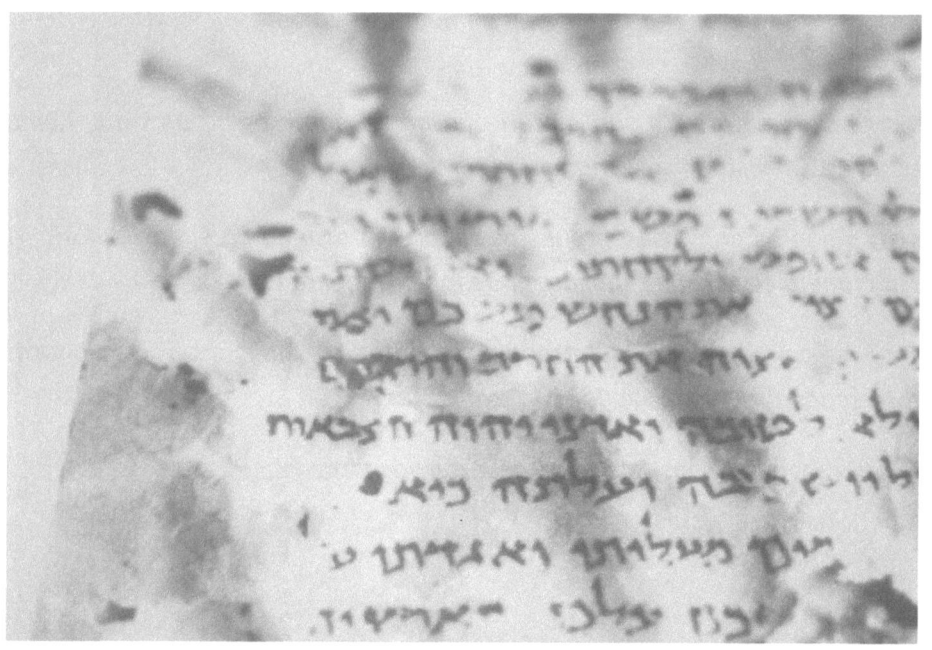

EJERCICIO DE TRADUCCIÓN FINAL

Hasta que llegamos a la última clase de nuestro manual. Han sido varios meses en los que nos hemos adentrado en el fascinante mundo del Hebreo Bíblico y su cultura. De aquí en adelante, cuando escuches a alguien hablar del *"idioma original del Antiguo Testamento"* (Tanáj), sabrás a qué se refiere de manera mucho más acabada.

El ejercicio final de este manual es una traducción, similar a las hemos venido desarrollando, pero con algunos matices. En esta ocasión pondré un texto narrativo final, y las palabras que aparecen en él, en un vocabulario más parecido al de un diccionario hebreo-español.

2 Crónicas 1:1-10 La entronización de Salomón.

A tener en cuenta.

. *Los textos en gris ya son materia pasada y nombres propios que hemos estudiado en este mismo manual.*

. *Las palabras ahora serán puestas sin prefijo o sufijo en el vocabulario, de esa manera se podrán familiarizar de mejor manera con uno real.*

. *Los verbos que no hayan entrado en la materia serán indicados en la forma correspondiente para ayudar a la traducción.*

. *En el vocabulario los verbos no llevarán vocalización.*

CLASE 16: TRADUCCIÓN FINAL

Texto. 2 Crónicas 1:1-10

1:1 וַיִּתְחַזֵּק שְׁלֹמֹה בֶן־דָּוִיד עַל־מַלְכוּתוֹ וַיהוָה אֱלֹהָיו עִמּוֹ וַיְגַדְּלֵהוּ לְמָעְלָה:

1:2 וַיֹּאמֶר שְׁלֹמֹה לְכָל־יִשְׂרָאֵל לְשָׂרֵי הָאֲלָפִים וְהַמֵּאוֹת וְלַשֹּׁפְטִים וּלְכֹל נָשִׂיא לְכָל־יִשְׂרָאֵל רָאשֵׁי הָאָבוֹת:

1:3 וַיֵּלְכוּ שְׁלֹמֹה וְכָל־הַקָּהָל עִמּוֹ לַבָּמָה אֲשֶׁר בְּגִבְעוֹן כִּי־שָׁם הָיָה אֹהֶל מוֹעֵד הָאֱלֹהִים אֲשֶׁר עָשָׂה מֹשֶׁה עֶבֶד־יְהוָה בַּמִּדְבָּר:

1:4 אֲבָל אֲרוֹן הָאֱלֹהִים הֶעֱלָה דָוִיד [173] מִקִּרְיַת יְעָרִים בַּהֵכִין [172] לוֹ דָּוִיד כִּי נָטָה־לוֹ אֹהֶל בִּירוּשָׁלִָם:

---

[172] En el vocabulario aparece como כּוּן
[173] Nombre propio más prefijo *min*.

1:5 וּמִזְבַּח הַנְּחֹשֶׁת אֲשֶׁר עָשָׂה
בְּצַלְאֵל בֶּן־אוּרִי בֶן־חוּר שָׂם
לִפְנֵי מִשְׁכַּן יְהוָה וַיִּדְרְשֵׁהוּ שְׁלֹמֹה וְהַקָּהָל׃

1:6 וַיַּעַל שְׁלֹמֹה שָׁם עַל־מִזְבַּח הַנְּחֹשֶׁת לִפְנֵי יְהוָה
אֲשֶׁר לְאֹהֶל מוֹעֵד וַיַּעַל עָלָיו עֹלוֹת אָלֶף׃

1:7 בַּלַּיְלָה הַהוּא נִרְאָה אֱלֹהִים לִשְׁלֹמֹה
וַיֹּאמֶר לוֹ שְׁאַל מָה אֶתֶּן־לָךְ׃

1:8 וַיֹּאמֶר שְׁלֹמֹה לֵאלֹהִים אַתָּה
עָשִׂיתָ עִם־דָּוִיד אָבִי חֶסֶד גָּדוֹל [174]וְהִמְלַכְתַּנִי תַּחְתָּיו׃

1:9 עַתָּה יְהוָה אֱלֹהִים יֵאָמֵן דְּבָרְךָ עִם
דָּוִיד אָבִי כִּי אַתָּה הִמְלַכְתַּנִי עַל־עַם רַב כַּעֲפַר הָאָרֶץ׃

---

[174] Claves de traducción de esta palabra. 1) Terminación "ni", posesivo de primera persona = me. 2) Aquí sufijo pronominal de 2ª persona MSP. 3) Atención con la sílaba "hi" del principio, indica estructura verbal. 4) Luego que hayas quitado de la palabra todos los elementos que no son propios de la raíz podrás dar sin problemas con el verbo. 5) Es la misma paabra que aparece en 1:9.

CLASE 16: TRADUCCIÓN FINAL

1:10 עַתָּה חָכְמָה וּמַדָּע תֶּן־לִי וְאֵצְאָה לִפְנֵי הָעָם־הַזֶּה וְאָבוֹאָה כִּי־מִי יִשְׁפֹּט אֶת־עַמְּךָ הַזֶּה הַגָּדוֹל׃

VOCABULARIO

אָב padre, jefe de familia.

אֲבָל pero, en cambio.

אֹהֶל tienda, tabernáculo.

אַחַר detrás, después de.

אֶלֶף mil.

אמן Nifál, confirmar.

אֲרוֹן arca.

בּוֹא Qal, venir, entrar. Verbo irregular.

בָּמָה lugar.

גדל engrandecer. Piél 3ms perfecto + sufijo pronominal / adjetivo, gran, grande, inmensa.

גַּם también.

דרשׁ consultar, buscar. Qal + sufijo pronominal.

הָיָה hubo, ser, estar, llegar a ser.

הָלַךְ caminar, ir. Verbo irregular.

זֹאת esto.

זֶה pronombre descriptivo, este.

חָזַק fortalecer, afianzar. Hitpaél, 3ms perfecto + *vav* consecutiva imperfecta.

חָכְמָה sabiduría.

חֶסֶד misericordia.

יוֹם día, sustantivo irregular.

יַעַן por causa de, ya que.

יָצָא salir.

כָּבוֹד gloria.

כּוּן preparar, arreglar. Hifíl. Verbo irregular.

כָּל־כֹּל todo (s), toda (s), cada.

כֵּן así, pues, por ello.

לֵבָב corazón.

לוֹ preposición + sufijo pronominal. A él, para él.

לַיְלָה noche.

מֵאָה cien.

מִדְבָּר desierto.

מַדָּע conocimiento, inteligencia.

מָה ¿Qué?, ¿cuál?, ¿cómo?

מוֹעֵד punto de reunión, encuentro.

CLASE 16: TRADUCCIÓN FINAL

מִזְבֵּחַ altar.

מִי ¿quién?

מָלַךְ Qal, reinar, dominar. Hifíl, hacer reinar.

מַלְכוּת reino.

מַעְלָה hacia arriba, mucho, en extremo.

מִשְׁכָּן tabernáculo.

נְחֹשֶׁת bronce.

נטה levantar, extender. Qal, verbo irregular.

נְכָסִים tesoros.

נֶפֶשׁ vida, alma.

נתן Qal, aquí (1:7)1ª ms, imperfecto, verbo irregular. 1:10 imperativo. 1:12a participio pasivo, revisar tabla clase 9. 1:12b 1ª persona imperfecto.

נָשִׂיא príncipe, jefe.

עַל sobre.

עלה subir. Hifíl, sacar, conducir.

עָם pueblo.

עִם con, en, tanto como.

עָפָר polvo.

עָשָׂה hacer. Qal.

עֹשֶׁר riquezas.

עַתָּה ahora, pues bien.

פָּנֶה con לְ delante de, ante.

241

קָהָל templo, palacio, congregación.

ראה Qal, ver, mirar. Nifál mostrarse, presentarse.

רֹאשׁ cabeza, líder, patriarca.

רַב mucho, múltiple, numeroso.

שׁאל Qal, pedir, preguntar. Aquí imperativo.

שָׁם allá, allí.

שׁפט juzgar, hacer justicia, decidir. Qal participio, los jueces, verbo adjetival.

שִׂים poner. Colocar. Qal, 3ª ms, perfecto, verbo irregular.

שׂנא Qal, odiar. Aquí en participio, plural + sufijo pronominal.

שַׂר príncipe.

תַּחַת en lugar de, en vez de, por.

NOTAS

CLASE 16: TRADUCCIÓN FINAL

NOTAS

Bibliografía

- **Bentué, Antonio: Dios y Dioses, historia religiosa del hombre.** Ediciones Universidad Católica. Santiago. 2004. Recopilación histórica de diferentes religiones, movimientos religiosos y tendencias espirituales desde las primeras búsquedas primitivas de religiosidad en sociedades preliterarias hasta un muy buen estudio de la religión de los Mapuches.

- **Biblia Hebraica Stuttgartensia:** *Editio quinta emendata*, Adrian Schenker. Ediderunt K. Ellinger y W. Rudolph. Deutsche Bibelgesellschaft. Stuttgart. 1967/77. Esta es hasta este momento la biblia de estudio científico más usada por traductores y público especializado. Su ventaja principal es la cantidad de información sobre variantes textuales tales como, los manuscritos de Qumrám, el texto samaritano en el Pentateuco, la versión de los setenta, el Targúm y otros textos clásicos. Finalmente su riqueza radica en la inclusión de la masora parva del texto Leningradense, todo en un solo tomo.

- **Braun, J. J.:** *Gramática Hebrea*. Librería de A. Durán. Madrid. 1867. Gramática clásica del hebreo bíblico que encuentra su fuerza en poseer un vocabulario que nos acerca mucho a las gramáticas hebreas hechas por judíos.

> **Bullinger, Ethelbert W.**: *Diccionario de figuras de dicción usadas en la biblia*. Adaptado al castellano por Francisco Lacueva. Editorial Clie. Barcelona. 1985. Libro indispensable para cualquier traductor bíblico, ya que describe detalladamente la nomenclatura de los diferentes procesos sintácticos y giros lingüisticos que aparecen en el idioma base del texto bíblico.

> **Chávez, Moisés.** *Hebreo Bíblico Texto Programado Tomo I y Tomo II Ejercicios Programados.* Editorial Mundo Hispano. USA. 1992. Esta es una de las gramáticas de hebreo bíblico más didácticas que se han hecho en habla hispana, lamentablemente descontinuada, aunque se puede seguir encontrando en librerías especializadas. Una de sus características principales es su trabajo en dos tomos, el primero, gramatical y el segundo de ejercicios programados. En la actualidad se sigue vendiendo el diccionario de Hebreo Bíblico de Moisés Chávez. Editorial Mundo Hispano.

> **Del Barco, Francisco Javier:** *Sintaxis verbal en los profetas menores preexílicos.* Departamento de estudios Hebreos y Arameos, Facultad de Filología, Universidad Complutense de Madrid. Madrid. 2001. Libro principalmente estadístico que busca crear una base de datos relacionada con la aparición de ciertas estructuras verbales comunes en los libros descritos en el título de la obra. Además del contenido general la obra incluye unos apartados bien interesantes como son, la acentuación en el texto bíblico y las últimas investigaciones relacionadas con el estudio de la sintaxis verbal.

BIBLIOGRAFÍA COMENTADA

- **Fohrer, Georg. Editor:** *Diccionario del Hebreo y Arameo Bíblicos*. Edición en castellano producida en colaboración con el Instituto Superior Evangélico de Estudios Teológicos, Traducido por René Kruger. Ediciones La Aurora. Buenos Aires. 1982. Este diccionario no es muy diferente de los muchos que hay en el mercado en relación al Hebreo y Arameo bíblicos. Su ventaja principal a mi juicio es la simplicidad en las entradas entregando solo la información básica de cada palabra estudiada, lo que lo hace un muy buen instrumento de traducción para principiantes. Su empaste rústico y tamaño es muy cómodo de trabajar igualmente.

- **Garriga, Ramón Manuel:** *Elementos de Gramática Hebrea*. Establecimiento tipográfico de Narciso Ramírez y Compañía. Barcelona. 1866. Un clásico de las gramáticas. Lo más interesante a mi juicio de la obra son las notas explicativas al final del mismo.

- **Gesenius, Wilhelm:** *Hebrew Grammar*. As edited and enlarged by the late E. Kautzsch. Second English edition. Ed. E. Kautzsch & S. A. E. Cowley. London. 2003. Un clásico moderno, de aquí se han derivado muchas formas de escribir y trabajar gramáticas hebreas, lamentablemente este gran libro no está en español.

- **Jerusalem Crown:** *The Bible of the Hebrew University of Jerusalem*. N. Ben-Zvi Printing Enterprises Ltd. Jerusalem. 2000. Este es el texto hebreo correspondiente al Codex Aleppo, anterior al texto Leningradense de la BHS pero de la misma familia de masoretas, los Ben Asher. Actualmente editado por la Universidad hebrea de Jerusalén.

> **Kramer, Noah Samuel:** *La Historia Empieza en Sumer*. Ediciones Orbis S.A. Barcelona. 2010. Este libro es una ventana al pasado, nos muestra de manera muy amena la vida cotidiana de una de las primeras civilizaciones mesopotámicas, los Sumerios, creadores de la escritura de la cual deriva nuestro propio indo-europeo.

> **Maier, Johann y Peter Schäfer:** *Diccionario del Judaísmo*. Editorial Verbo Divino. Navarra. 1996. Indispensable para conocer la cultura, religión y teología que gira en torno al hebreo bíblico, mishnáico y talmúdico.

> **Martín Contreras, Elvira y Guadalupe Seijas de los Ríos-Zarzosa.** *Masora. La transmisión de la tradición de la Biblia Hebrea*. Editorial Verbo Divino. Navarra. 2010. Este es uno de los libros más claros, fáciles de leer y de los pocos que hay en español sobre la temática de la Masora, el libro viene con ejercicios en cada sección titulados "el masoreta te desafía". Sus múltiples ventajas es que es un texto que nos da una mirada general sobre la historia, materiales y uso de recursos sobre la Masora. Su bibliografía es enorme lo que nos permite poder seguir líneas de investigación específicas en relación al tema principal del libro.

> **Meyer, Rudolf:** *Gramática del Hebreo Bíblico*. Clie. Terrassa. 1989. Gramática de origen alemán traducida al español por el profesor español Ángel Sáenz-Badillos. Muy buena en cuanto al contenido especializado que tiene, no es recomendable para quien quiere iniciarse en el HB, pero infaltable como material de consulta y profundización gramatical.

BIBLIOGRAFÍA COMENTADA

- Ribera-Florit, Josep.*Guía para el estudio del Arameo Bíblico*. Sociedades Bíblicas Unidas. Madrid. 2001. Este texto es un muy buen material para quienes se quieren iniciar en el estudio gramatical del arameo imperial, o bíblico. El texto incluye una crestomatía de los pasajes arameos de la biblia más un diccionario del mismo, inserciones que transforman a este libro en una pequeña biblioteca sobre el tema.

- Schökel, Luis Alonso. *Diccionario Bíblico Hebreo – español*. Editorial Trotta. Madrid. 1994. Este es el diccionario por excelencia en español de hebreo bíblico, en sus entradas no solo se encuentra la información gramatical de cada palabra sino además sus diferentes usos en el texto bíblico. En ocasiones es bastante técnico pero de todas formas uno de los grandes libros de apoyo a los estudiantes, profesores y traductores de la lengua del Antiguo Testamento.

- Scholem, Gershom: *Los orígenes de la cábala*. Paidós Orientalia. 2001. Barcelona. Para cualquier persona que quiera conocer el mundo de la cábala (kabaláh), no solo desde la perspectiva mística sino que también histórica, este autor es uno de los más citados, sus trabajos son usualmente catalogados como los más serios en este ámbito.

- Sáenz-Badillos, Ángel: *Historia de la Lengua Hebrea*. Editorial Ausa, Sabadell. Barcelona. 1989. Un libro obligado para quien se quiere interiorizar en el estudio del hebreo como lengua histórica, como texto sagrado y litúrgico.

> **Sanford Lasor, William:** *Manual de Hebreo Bíblico, Volumen I y II*. Ediciones CLC. Bogotá. 2001. Este manual de dos tomos es la única gramática en español con la que mi propio libro se siente en parentesco. Su método inductivo es muy novedoso e interesante de trabajar. Su trabajo sobre el libro de Ester, bien conducido, es muy cómodo de llevar, aunque a veces la excesiva invitación a ver las tablas creadas por el autor puede cansar un poco. Viene con el texto hebreo completo de Ester, un diccionario muy útil y alcances exegéticos sobre algunos pasajes de mucha ayuda.

> **Seijas, Guadalupe:** *Historia de la Literatura Hebrea y Judía*. Madrid, Trotta, 2014. Uno de los mejores libros en español, que resumen en casi 1.000 páginas, la historia de la literatura hebrea y judía. Comienza desde los primeros textos contenidos en el Tanáj, hasta la literatura modera. Es un compilado de diferentes autores, todos expertos en sus áreas, que además sirve como libro de consulta, dependiendo del período en que uno esté interesado.

> **Trebolle Barrera, Julio:** *La Biblia Judía y la Biblia Cristiana*. Trotta. Madrid. 1993. Para quien quiera acercarse de manera global, pero no por eso superficial, a la creación y transmisión de los textos bíblicos, este es posiblemente uno de los mejores libros del tema en español. La cantidad de información que entrega es en muchos casos monumental y de una claridad que se agradece. Las temáticas pueden parecer diversas en algunos puntos, pero en realidad todo el libro gira en torno a lo que nosotros hoy podemos denominar el "texto de la biblia, creación y transmisión". Por lo tanto no es un texto de teología sino de historia textual.

BIBLIOGRAFÍA COMENTADA

➢ **Villegas, Beltrán:** *El libro de los Salmos*. Ediciones Universidad Católica de Chile. Santiago. 1990. Un libro dedicado exclusivamente al estudio de los Salmos. La primera parte es una introducción histórica a la poética hebrea desde la antigüedad hasta los análisis de la escuela de la crítica textual del siglo XIX. La segunda parte y la más extensa es la entrega de una traducción propia del autor de cada uno de los salmos, la mayoría de los cuales cuenta con notas críticas del texto.

➢ **Wilson, Edmund:** *Los Rollos del Mar Muerto*. Fondo de Cultura Económica, México, 2008. Pequeño libro de bolsillo, pero enorme en la cantidad de información, casi contemporánea que entrega sobre el descubrimiento de los Rollos del Mar Muerto, o Qumrán. El libro fue escrito solo unos años después del descubrimiento, lo que hace que sea un muy buen testigo de todo lo que ocurrió, en el tiempo posterior al descubrimiento. Escrito en un estilo periodístico muy dinámico, en algunas ocasiones parece más una novela que un libro de divulgación, lo que hace que sea al mismo tiempo fácil de leer.

➢ **Yates, Kyle:** *Nociones Esenciales del Hebreo Bíblico*. Casa Bautista de Publicaciones. Colombia [undécima edición]. 2005. Si tuviera que definir dos características de este manual diría: claridad y portabilidad. Un texto muy cómodo de seguir, sus tablas finales de flexiones verbales y de sustantivos son muy claras y sirven mucho para el estudiante que comienza a dar sus primeros pasos en el hebreo bíblico.

➤ **Zogbo, Lynell y Ernst Wendland:** *La poesía del Antiguo Testamento: pautas para su traducción.* Edición en castellano, Sociedades Bíblicas Unidas. Miami. 1989. Uno de los pocos libros en español dedicado exclusivamente al estudio de la poesía hebrea, ya sea la de los salmos, proverbios u otros insertos de estas características en el texto bíblico. Los análisis si bien es cierto son a veces muy técnicos, el libro no deja de llamar la atención por su claridad general, los ejemplos no solo se toman de la biblia sino también de textos poéticos de autores latinoamericanos o de clásicos universales del género.

Sitios web recomendados

1 www.archive.org
Sitio web conocido por ser un depósito universal de obras. Aquí el estudiante de hebreo bíblico podrá encontrar biblias hebreas, gramáticas, materiales sobre el Tárgum, el Pentateuco samaritano, etc. La mayoría de los libros están en inglés. Es importante revisar el tipo de licencia que tiene cada uno, la que viene especificada en cada entrada en caso de querer reproducir algún texto o una parte del mismo.

2. http://www.aleppocodex.org/
Sitio web que alberga toda la información sobre este famoso texto hebreo vocalizado cerca del año 950 de nuestra era. Lo mejor del sitio es que trae el texto digitalizado en calidad óptima, al cual además se le puede hacer zoom para una mejor lectura del mismo.

3. http://www.proel.org/
Sitio donde se puede encontrar la historia de las lenguas, referencias, fotografías, etc. En cuanto al tema central de este libro se puede encontrar mucha información sobre el hebreo bíblico y sus idiomas primos. Un dato final es que viene con fotografía y contenidos de los textos encontrados en las cuevas de Qumrám.

4. ttp://www.imj.org.il/shrine_center/Isaiah_Scrolling/index.html
En esta dirección web pueden encontrar el gran rollo de Isaías, el que fue encontrado en Qumrám completamente digitalizado en una calidad muy buena, se puede buscar y desenrollar literalmente el texto y revisar versículo a versículo. También viene con un muy buen zoom lo que permite ver el texto mucho más claramente.

5. http://www.hebreobiblico.com
Sitio web del autor, desde donde puedes aprender lenguas bíblicas y cursos de desarrollo relacionado con cada una de ellas. Es la cara visible de la Academia de Hebreo Bíblico, instancia de estudio y enseñanza desde donde nace precisamente este manual.

6. http://www.deadseascrolls.org.il/
Uno de los mejores sitios lanzados a finales del 2012 por la Autoridad de Antigüedad de Israel, donde podrán ver en alta calidad muchos manuscritos de Qumran para estudiar, comparar, traducir e investigar.

www.ingramcontent.com/pod-product-compliance
Lightning Source LLC
LaVergne TN
LVHW041912070526
838199LV00051BA/2597